MARCO POLO

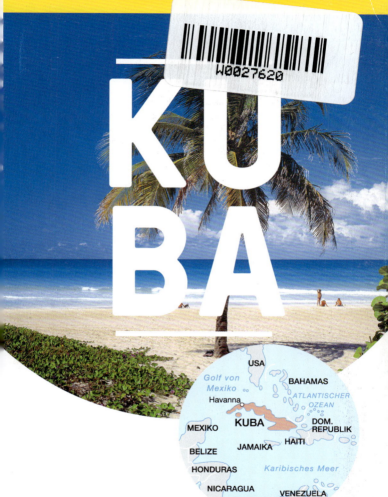

KUBA

MARCO POLO AUTORIN
Gesine Froese
Lateinamerika fasziniert Gesine Froese nicht erst seit dem Kolumbus-Jahr 1992. Aber damals machte sie ernst, kündigte ihre Redakteursstelle und flog über den Atlantik, um sich auf ihr Lieblingsthema zu spezialisieren. Kaum ein Land, das sie dort inzwischen nicht bereist hat. Aber in keinem gewann sie so viele Freunde wie auf Kuba. Träume von einer gerechteren Welt und alte Idole verbinden eben.

REIN INS ERLEBEN

Mit dem digitalen Service von MARCO POLO sind Sie noch unbeschwerter unterwegs: Auf den Erlebnistouren zielsicher von A nach B navigieren oder aktuelle Infos abrufen – das und mehr ist nur noch einen Fingertipp entfernt.

Hier geht's lang zu den digitalen Extras:

http://go.marcopolo.de/kub

 Touren-App

Ganz einfach orientieren und jederzeit wissen, wo genau Sie gerade sind: Die praktische App zu den Erlebnistouren sorgt dank Offline-Karte und Navigation dafür, dass Sie immer auf dem richtigen Weg sind. Außerdem zeigen Nummern alle empfohlenen Aktivitäten, Genuss-, Kultur- und Shoppingtipps entlang der Tour an.

 Update-Service

Immer auf dem neuesten Stand in Ihrer Destination sein: Der Online-Update-Service bietet Ihnen nicht nur aktuelle Tipps und Termine, sondern auch Änderungen von Öffnungszeiten, Preisen oder anderen Angaben zu den Reiseführerinhalten. Einfach als PDF ausdrucken oder für Smartphone, Tablet oder E-Reader herunterladen.

HTTP://GO.MARCOPOLO.DE/KUB

6 INSIDER-TIPPS
Von allen Insider-Tipps finden Sie hier die 15 besten

8 BEST OF …
- Tolle Orte zum Nulltarif
- Typisch Kuba
- Schön, auch wenn es regnet
- Entspannt zurücklehnen

32 HAVANNA

50 DER WESTEN
51 Pinar del Río 54 Valle de Viñales 56 Varadero

62 DIE MITTE
63 Camagüey 66 Cienfuegos 68 Jardines del Rey 70 Santa Clara 72 Trinidad

12 AUFTAKT
Entdecken Sie Kuba!

18 IM TREND
In Kuba gibt es viel Neues zu entdecken

20 FAKTEN, MENSCHEN & NEWS
Hintergrundinformationen zu Kuba

26 ESSEN & TRINKEN
Das Wichtigste zu allen kulinarischen Themen

30 EINKAUFEN
Shoppingspaß und Bummelfreuden

74 DER OSTEN
75 Baracoa 77 Holguín 80 Santiago de Cuba

SYMBOLE

INSIDERTIPP Insider-Tipp

★ Highlight

● ● ● ● Best of …

  Schöne Aussicht

  Grün & fair: für ökologische oder faire Aspekte

(*) kostenpflichtige Telefonnummer

PREISKATEGORIEN HOTELS

€€€ über 100 Euro

€€ 50–100 Euro

€ bis 50 Euro

Die Preise gelten für eine Übernachtung im Doppelzimmer für zwei Personen ohne Frühstück

PREISKATEGORIEN RESTAURANTS

€€€ über 25 Euro

€€ 15–25 Euro

€ bis 15 Euro

Die Preise gelten für ein Menü (Vorspeise, Hauptgericht, Nachtisch) ohne Getränke

Titelthemen: Reise in die koloniale Vergangenheit S. 72 | Endlose Strände, blaues Meer S. 56

INHALT

88 ERLEBNISTOUREN
88 Kuba perfekt im Überblick
94 Der grüne Westen: Orchideen, Korkeichen und Kalkriesen
97 Zu den Cayos und Playas an der Nordküste 100 Den Anfängen auf der Spur: Rundreise ab Costa Esmeralda

104 SPORT & WELLNESS
Aktivitäten und Verwöhnprogramme zu jeder Jahreszeit

108 MIT KINDERN UNTERWEGS
Die besten Ideen für Kinder

112 EVENTS, FESTE & MEHR
Alle Termine auf einen Blick

114 LINKS, BLOGS, APPS & CO.
Zur Vorbereitung und vor Ort

116 PRAKTISCHE HINWEISE
Von A bis Z

122 SPRACHFÜHRER

126 REISEATLAS

138 REGISTER & IMPRESSUM

140 BLOSS NICHT!

GUT ZU WISSEN
Geschichtstabelle → S. 14
Todos somos Americanos → S. 23
Bücher & Filme → S. 24
Spezialitäten → S. 28
Götter, Kulte & Heilige → S. 83
Feiertage → S. 112
Was kostet wie viel? → S. 117
Währungsrechner → S. 118
Wetter → S. 120

KARTEN IM BAND
(128 A1) Seitenzahlen und Koordinaten verweisen auf den Reiseatlas
(O) Ort/Adresse liegt außerhalb des Kartenausschnitts
Es sind auch die Objekte mit Koordinaten versehen, die nicht im Reiseatlas stehen
(U A1) Koordinaten für die Karte von Havanna im hinteren Umschlag

(🗺 A–B 2–3) verweist auf die herausnehmbare Faltkarte
(🗺 a–b 2–3) verweist auf die Zusatzkarte auf der Faltkarte

UMSCHLAG VORN:
Die wichtigsten Highlights

UMSCHLAG HINTEN:
Karte von Havanna

Die besten MARCO POLO Insider-Tipps

Von allen Insider-Tipps finden Sie hier die 15 besten

INSIDER TIPP Süße Küsse und mehr
Zuckerbäcker Josef lockt mit feinen österreichischen Backwaren und Speisen nicht nur Künstler und Intellektuelle in seine *Casa Austria* in Camagüey → S. 65

INSIDER TIPP Gute Führung
Wer den kleinen Ort *Banes* im Osten des Landes mit dem *Historiador* Luis Rafael Quiñones entdeckt, bekommt viel zu sehen und zu hören → S. 79

INSIDER TIPP Abenteuer Fluss
Nur 30 Minuten vom Touristenort Varadero entfernt kann man mit dem Boot tief in die urwüchsige Welt des *Río Canimar* eintauchen (Foto o.) → S. 58

INSIDER TIPP Baumstark
Auf Plattformen zwischen Ästen speisen und eine grandiose Aussicht genießen – das gibt's nur im Restaurant *Balcón del Valle* in Viñales → S. 55

INSIDER TIPP Alles perfekt
Sie genießen den tollen Blick auf die Bucht, die phantasievolle Küche und einen Spitzenservice – in der *Finca del Mar* in Cienfuegos stimmt einfach alles → S. 67

INSIDER TIPP Kirche mit Goldstück
Von dem guten Stück träumten schon Piraten, denn der vergoldete Altar der *Iglesia San Juan Bautista* gehört zu den ältesten Kubas → S. 71

INSIDER TIPP Begehrt
Hier haben Sie die Fischerhütten und das Meeresrauschen direkt vor der Haustür: Zimmer im *Hostal Coco Beach* in La Boca muss man frühzeitig buchen → S. 66

INSIDER TIPP Versteck
In kuscheligen Oberstübchen nahe der Uferstraße Malecón in Havanna verwöhnt das *Ivan Chefs Justo* seine Fans mit den phantasievollen kulinarischen Köstlichkeiten eines Spitzenkochs → S. 40

INSIDERTIPP Den Haien zum Fraß

Wer den berüchtigten Meeresräubern immer schon mal ganz nahekommen wollte – unter Aufsicht, versteht sich –, kommt in den Gewässern vor *Playa Santa Lucía* auf seine Kosten: Hier werden die Haie mit Futter angelockt → S. 107

INSIDERTIPP Ruhepol

Das kleine Hotel *San Basilio* verspricht ein herr(schaft)liches Wohngefühl im Herzen von Santiago de Cuba → S. 84

INSIDERTIPP Salonfähig

Hier fühlen Sie sich wie in einem Kolonialmuseum: Im Restaurant *Quince Catorce* (der Name bedeutet 1514) in Trinidad verwöhnt feudale Tischkultur die Augen, das gute Essen den Gaumen → S. 72

INSIDERTIPP Glücklichmacher

"If you are sad ..." rät ein Spruch in der *Casa del Cacao*, dem Kakaohaus in Baracoa, "eat chocolate!" Wo? Natürlich hier! → S. 76

INSIDERTIPP Alle Vöglein sind schon da

Dem kleinsten und dem schönsten Vogel Kubas auf der Spur: Im sehenswerten *Humboldt-Nationalpark* bei Baracoa sind die Chancen groß, Todi und Tocororo (Foto u.) zu beobachten → S. 77

INSIDERTIPP Literarische Spurensuche

Ein Jahr lebte der Hamburger Autor Matthias Politycki in Santiago de Cuba in der *Casa El Tivoli* und verarbeitete, was er erlebte, in seinem Roman „Herr der Hörner". Sein Vermieter, der „echte" Luisito, gibt gerne Auskunft → S. 84

INSIDERTIPP Zuckerfabrik en miniature

Wenn die Lichter im Modell der Central La Esperanza im *Havana-Club-Museum* angehen und der Miniaturzuckerzug über die Gleise rappelt, dann riecht man sie fast, die brodelnden Kesselinhalte, aus denen am Ende Rum wird → S. 36

BEST OF ...

TOLLE ORTE ZUM NULLTARIF
Neues entdecken und den Geldbeutel schonen

SPAREN

🟢 *Bühne fürs Volk*
Am schönsten sitzt es sich auf dem Mäuerchen des *Malecón* von Havanna – 5 km lang verläuft die Straße immer direkt am Meer – zum Sonnenuntergang: Die Treffpunktmeile vor großartigem Stadtpanorama ist bestes „Stadttheater", für das man keine Eintrittskarte braucht (Foto) → **S. 33**

🟢 *Rhythmen & Rituale*
Trommelwirbel in der *Callejón de Hamel:* Sonntags wird in der kleinen Gasse von Havanna-Centro getanzt, afrikanischen Göttern gehuldigt und Touristen allerlei Zauberzeug angeboten. Ein kostenloses Spektakel, nicht nur für Santería-Fans! → **S. 35**

🟢 *Bilderhalle*
Warum ins Museum gehen, wenn man auf der *Feria de Artesanía* in einer riesigen Ausstellungshalle für Künstler auch ohne Eintritt zeitgenössische Kunst betrachten kann? Und manche Werke neuer Talente sind auch erschwinglich → **S. 40**

🟢 *Openair-Konzert*
In Trinidad an der *Escalinata* steigt jeden Abend ab 22 Uhr die große Freiluft-Musiksause kubanischer Bands – und alle sind eingeladen. Bezahlen müssen Sie nur für die Getränke an der Bar → **S. 67**

🟢 *Pesoparadies für den Nachwuchs*
Karussells, Schaukeln, Rutschen und vieles mehr, was das Kinderherz erfreut, können Sie Ihren Kleinen im Freizeitpark *Isla del Coco* in Havanna bieten. Und das für nur einen Peso Eintritt – das sind ca. 3,5 Eurocent ... → **S. 108**

🟢 *Che for ever*
Huldigung für den Erfinder des „Neuen Menschen": Tausende Che-Fans aus aller Welt haben bereits seine letzte Ruhestätte, das *Museo Memorial del Ernesto Che Guevara*, in Santa Clara besucht – und das kostenlos. Er hätte es sicherlich auch so gewollt ... → **S. 70**

🔴🟡🔵🟢 Diese Punkte zeichnen in den folgenden Kapiteln die Best-of-Hinweise aus

TYPISCH KUBA
Das erleben Sie nur hier

🔵 *Der Geschmack Kubas*
Kühl wie das zerstoßene Eis, das Sodawasser und die frische Minze, süß wie der kubanische Zucker und betörend wie der helle kubanische Rum, so muss er schmecken, ein richtiger Mojito. Die erste Adresse dafür ist *La Bodeguita del Medio* in Havanna → S. 41

🔵 *Liederhäuser*
Bühne frei für Son, Salsa, Bolero oder Trova – die *casas de la trova* („Liederhäuser") sind Kultstätten auf Kuba, in denen mit Andacht getanzt oder den Musikern gelauscht wird. Besonders stimmungsvoll ist jene in Santiago de Cuba → S. 85

🔵 *Blauer Dunst*
Auf Kuba liegen die besten Tabakanbaugebiete der Welt, und beim Geruch einer echten „Havanna" geht Zigarrenliebhabern das Herz auf. Lassen Sie sich in den Fabriken *Partagás* in Havanna oder *Donatién* in Pinar del Río die Herstellung vorführen (Foto) → S. 41, 52

🔵 *Göttliche Gleichung*
Jedem christlichen Heiligen seine afrikanische Gottheit! Zur Jungfrau Maria von El Cobre z. B. gehört Ochún. Und weil ihre Farbe Gelb ist, pilgern viele Kubaner mit Sonnenblumen zur Hl. Jungfrau → S. 86

🔵 *Die Revolution im Museum*
Was wäre Kuba ohne seine *Revolutionsmuseen*? Vor allem in Santa Clara, Santiago de Cuba und Havanna trumpft die Regierung noch mit Museen oder Gedenkstätten für ihre Helden auf. Nur die Jugend draußen interessiert's immer weniger ... → S. 37, 70, 83

🔵 *Heimliche Nationalhymne*
Die *Guantanamera,* die weltberühmte Ballade Kubas, wer kennt sie nicht? Der Text von Heldenpoet José Martí besingt eine Bäuerin aus *Guantánamo*, vertont wurde er von Fernández Díaz → S. 77

🔵 *Straßenfeste*
Im Sozialismus kommt das Volksvergnügen nicht zu kurz: Tanzparties in der Calle mit Musik werden am Wochenende überall veranstaltet. Besonders schön die *Noche Camagüeyana* in Camagüey → S. 65

BEST OF ...

SCHÖN, AUCH WENN ES REGNET
Aktivitäten, die Laune machen

● *Papas Refugium*
Auf „Papa" Hemingways ehemaliger *Finca La Vigía* reist man zurück in der Zeit – gab es damals einen besseren Ort zum Schreiben? Zur Zeiten Hemingways lag die Finca noch nicht wie heute zwischen Hauptverkehrsstraßen (Foto) → **S. 48**

● *Ausflug in die Unterwelt*
In der Höhle ist das Wetter draußen egal: Die Gewölbe und Gänge der *Cuevas de Bellamar* in Matanzas bilden ein verwinkeltes unterirdisches System. Mutige wagen sich mit der Grubenlampe in unbeleuchtete Ecken vor → **S. 110**

● *Plaudern und probieren*
Wer sich für Mode interessiert, vergisst im Boutique-Café der kubanischen Modedesignerin *Jacqueline Fumero* schnell die Zeit – und den Regen → **S. 40**

● *Götterwelten*
Die verwirrende und verstörende Welt der kubanischen Santería und der Geheimbünde ist im *Museo Histórico de Guanabacoa* hervorragend aufbereitet. Allen Erläuterungen zum Trotz: Die Exponate sprechen ihre eigene Sprache → **S. 48**

● *Lüster und Mahagoni*
Adel verpflichtet zu fürstlichem Lebensstil – in welchem Ausmaß, davon kann man sich im ehemaligen Palacio Brunet, dem heutigen *Museo Romántico* in Trinidad überzeugen → **S. 72**

● *Wächserne Gestalten*
Das einzige *Wachsfigurenkabinett (Museo de Cera)* Kubas liegt ein wenig abseits, aber wer sowieso gerade in Bayamo ist, sollte es nicht verpassen! Lebensgroß grüßen u. a. Beny Moré, Compay Segundo und Polo Montañez → **S. 86**

REGEN

ENTSPANNT ZURÜCKLEHNEN
Durchatmen, genießen und verwöhnen lassen

● *Weiche Sitze*
Soll's ein offener Chrysler Bel Air mit weichen Ledersitzen sein? Bitte sehr! Solche 50er-Jahre-Straßenkreuzer laden in Havanna zu entspannten Stadtrundfahrten ein → S. 34

● *Spas(s) für Wellnessfans*
„Sauna, Sinnesduschen, Sonnenbad" verspricht das Resort *Paradisus Río de Oro & Spa* an der Playa Esmeralda (Foto) seinen Gästen und Wellnessfans → S. 80

● *Über den Dächern*
Das Schönste am historischen Hotel *Raquel* ist die Dachterrasse. Und jetzt bitte einen *cafecito* – oder schon einen Mojito? *Der* Platz, sich zurückzulehnen und Havannas Dächerlandschaft zu genießen → S. 43

● *Einfach abdampfen*
Zurücklehnen und die Aussicht genießen: Täglich um 9.30 Uhr fährt der *Tren de vapor* (Dampfzug) von der Estación de Toro in Trinidad ins Tal der Zuckermühlen (Valle de los Ingenios) und zurück → S. 72

● *Zum Nachtisch Havana Queens*
Im Restaurant *Havana Gourmet* in Habana vieja rundet eine exzellente Tanz-Performance den edlen Gaumengenuss ab – ein entspannter Abend ist hier garantiert → S. 41

● *Feine Bäder*
Höchste Qualität bieten die Wellnessanlagen des Resorts *Iberostar Ensenachos* auf Cayo Ensenachos mit 130 m² großem Spabereich, türkischen Bädern, Massagen etc. Augen zu und einfach genießen! → S. 71

● *Paseo colonial mit 2 PS*
Die Rosse sind eingespannt, der Kutscher sitzt auf dem Bock: Sie müssen sich nur noch zurücklehnen, und los geht's! Für gemütliche Kutschfahrten ist in Alt-Havanna gesorgt: Sie warten am Parque Central auf Passagiere → S. 43

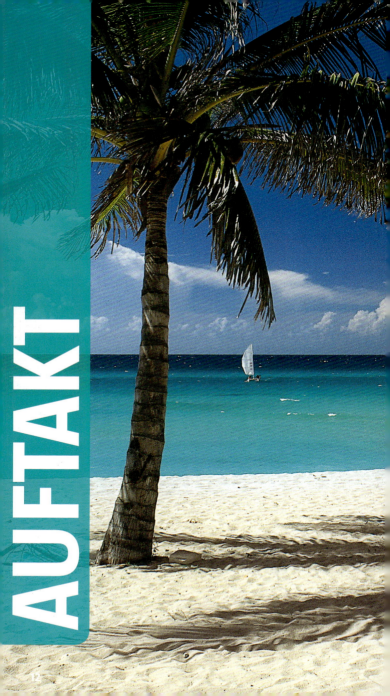

ENTDECKEN SIE KUBA!

Als größtes Land der Karibik bietet Kuba ein schier *unerschöpfliches Potenzial* an Möglichkeiten für sonnenhungrige und unternehmungslustige Urlauber. Das allein aber macht nicht die große Anziehungskraft der Karibikinsel aus. Kuba war schon immer „besonders": Erst für Kolumbus, der von der Schönheit der Insel schwärmte. Dann für die Spanier, die Kuba als Sammel- und Starthafen ihrer Schatzgaleonen vor der Heimfahrt nach Spanien auserkoren. Später konnte sich Kuba größter Zuckerproduzent der Welt nennen. Und als in den USA Glücksspiel und Alkoholkonsum verboten waren, tobten sich die Genuss- und Spielsüchtigen auf der Insel aus: Kuba mutierte zum *Sündenbabel Amerikas*.

Vollends zum Mythos aber wurde Kuba durch die Revolution, als bärtige Gesellen in Kampfanzügen – allen voran Fidel Castro mit seinem Bruder Raúl, Camilo Cienfuegos und Ernesto „Che" Guevara – den Diktator Fulgencio Batista von der Insel vertrieben, *um eine gerechtere Gesellschaft zu etablieren*. Reiche wurden enteignet und ihre Besitztümer „sozialisiert", Bildung und ärztliche Versorgung kostenlos für jedermann, Sexismus und Rassismus bekämpft. Diese Revolution bewegte die Welt und veränderte Lateinamerika. Und heute, rund 55 Jahre später? Staunend steht die Welt vor

Bild: Varadero

einem Phänomen: Immer noch regiert die alte Garde, obwohl auf die ersten Reformen viele, vor allem der US-Blockade geschuldete, wirtschaftliche Krisen folgten. Befreundete Staaten wie Nicaragua, Venezuela und Bolivien und sympathisierende Linksregierung in Lateinamerika halfen, auch Europa. Aus der Dauerkrise retten konnten sie Kuba jedoch nicht. Nun hilft sich das Land selbst: mit immer neuen, von Präsident Raúl Castro ausgerufenen Wirtschaftsreformen, zuletzt mit der sensationellen *Annäherung an die USA*, der bereits diplomatische Treffen folgten.

Diesen *„wind of change"* spürt selbst, wer das alte, von Krisen gelähmte Kuba nicht mehr erlebt hat. Aufbruchstimmung hat sich breitgemacht. Man erlebt sie im Eifer der vielen neu zugelassenen Kleinunternehmer, seien es Betreiber von Straßenverkaufsständen für Schuhe, Schmuck oder Hausrat, von Werkstätten für Reparaturen aller Art oder privaten Restaurants *(paladares)* oder Vermieter von Privatzimmern *(casas particulares)*. Doch während der Kubakenner von diesen vielen *Fortschritten* beeindruckt ist, verstört den Erstbesucher die nach wie vor deutlich sichtbare große Rückständigkeit: die maroden Häuser oder Plattenbauten hinter den restaurierten Vorzeigekulissen, das Fehlen jeglicher Luxusgüter und vieler nach unseren Maßstäben selbstverständlicher Lebensmittel im Alltag. Und er staunt über die Kubaner: darüber, wie sie sich gegenseitig helfen, wie sie nützliche *amistades* (Freundschaften) pflegen und wie locker sie *aus der Not Tugenden machen*. Denn 50 Jahre staatlich verordneten sowie aus der Not geborenen Gemein-

Es tut sich was: ein Land im Aufbruch

1000 v. Chr.–1000 n. Chr. Arawak-Indianer wandern ein

1492 Kolumbus nimmt für die spanische Krone Besitz von Kuba

1553 Havanna wird Hauptstadt und Hauptwerft Neuspaniens

1762 England erobert Havanna. Wenig später findet der Tausch gegen das spanische Florida statt

1789–1820 Flüchtlingsstrom aus Haiti. Kuba wird größter Zuckerexporteur

AUFTAKT

Kolonialer Charme unter Palmen: Trinidad

sinns sind an den elf Millionen Kubanern eben nicht spurlos vorübergegangen. „Periodo especial?", sagt ein 71-Jähriger, der den Sieg Che Guevaras in Santa Clara als junger Mann noch selbst miterlebt hat, „die haben wir doch seit der Revolution!" Aber die Erinnerung an diesen „großen" Tag ist dann doch so überwältigend, dass all sein Ärger über die vielen Entbehrungen schließlich verfliegt. Nicht so bei den Jüngeren – sie wünschen sich ein besseres Leben. Und es scheint, als hätte der kleine Bruder von Fidel Castro sie endlich erhört.

Gemeinsinn und Überlebenswille

Land und Leute bilden auf Kuba eine besondere, eine fast *spürbare Einheit*. Wer sie kennenlernen will, muss die Rundum-Versorgung seines All-inclusive-Hotels in Vara-

- **1868–78** Erster Unabhängigkeitskrieg gegen Spanien
- **1895–98** Zweiter Unabhängigkeitskrieg; er führt nach US-Einmischung zur Abhängigkeit von den USA
- **1902** Kuba wird Republik
- **1902–58** Zuckerexportboom im Ersten Weltkrieg, US-gesteuerte Marionettenpräsidenten, zuletzt Diktator Fulgencio Batista
- **1953–59** Sieg der Revolution unter Fidel Castro – nach Zeiten der Verhaftung und Jahren des Exils in Mexiko

dero, auf der Cayería del Norte, den Jardines del Rey oder der Provinz Holguín für eigene *Entdeckungen* verlassen. Gehen Sie einfach mal raus, und nehmen Sie eine Kutsche, ein Fahrradtaxi oder ein Taxi für einen Ausflug. Keine Angst: Gefahr droht auf Kuba ebensowenig wie bei uns! Das Land gehört zu den sichersten Lateinamerikas. Für längere Ausflüge bieten sich als Verkehrsmittel schnelle Überlandbusse (Viazul), langsame Züge und Mietwagen an. Der Verkehr verläuft (aufgrund zahlreicher Kontrollen) geordnet. Und mit erhöhter Wachsamkeit und einigen Spanischkenntnissen kommt man gut und sicher durchs Land.

> **Wasserfälle, Kalkberge, Königspalmen und herrliche Strände**

Es erwartet Sie *eine karibische Welt von seltener Weite und stolzer Größe*, reich an grünen Ebenen, Gebirgen, weißen Korallenstränden und vorgelagerten Inseln. Im Westen, in Viñales, leuchtet rote Tabakerde zwischen den berühmten *mogotes*, den 160 bis 140 Mio. Jahre alten erodierten Riffkalkblöcken. Es sind Riesen aus einer Zeit lange vor der Entstehung der Kleinen Antillen, heute von der Unesco zum Welterbe erklärt. Sie verleihen der Region etwas *Mystisches*, vor allem am Morgen, wenn Nebel sie noch umwabern und den frühen Wanderer verzaubern. Die Mogotes sind Teil der Sierra de los Órganos, in der die ältesten Gesteine der Karibik gefunden wurden. Zusammen mit fünf weiteren gebirgigen Inselkernen hoben sie sich im Miozän (vor 24 bis 5 Mio. Jahren) aus dem Meer, zum Teil noch verbunden mit Hispaniola und Jamaika. Erst seit 7 Mio. Jahren besitzt Kuba seine heutige langgezogene Gestalt mit den *weiten grünen Ebenen* zwischen den Gebirgen. Der kubanische Dichter Nicolás Guillén (1902–89) verglich sie mit der eines auf dem Rücken liegenden, lachenden Krokodils. Ein Tier, das auch auf Kuba vorkommt, und zwar in Gestalt des endemischen Rautenkrokodils. Es ist in der Ciénaga de Zapata beheimatet, dem größten Sumpfgebiet der Karibik, das zu Kubas sieben Nationalparks gehört und als Biosphärenreservat ausgewiesen ist. Naturfreunde können die Naturschutzgebiete mit Führern erkunden, die sich in den Informationszentren anbieten (oder sie vorher bei einem Veranstalter mit Reiseleiter in der Muttersprache buchen). Deutsche können hier auch auf den Spuren ihres berühmtesten Naturforschers wandern: Nach *Alexander von Humboldt* wurde der artenreichste Nationalpark des Landes genannt. Er breitet sich im Hinterland des verträumten Baracoa (gegründet 1511) aus, jener kleinen Stadt, in der die Spanier einst ihre erste Kolonialregierung einrichteten.

1960
Beginn des Wirtschaftsembargos der USA; Handelspartner Nummer eins wird die UdSSR

1991–94
Wirtschaftskrise durch Zusammenbruch der UdSSR. Aufbau touristischer Infrastruktur

2008
Nach 49 Jahren als Staatschef überträgt der schwer erkrankte Fidel Casto das Amt seinem Bruder Raúl

2015
Diplomatische Annäherung an die USA, u. a. mit dem Ziel der Eröffnung einer US-Botschaft in Havanna und des Imports von Kommunikationstechnologie

AUFTAKT

Für den Export darf's auch eine Nummer kleiner sein: XXL-Zigarre made in Kuba

Terracottadächer, hohe, vergitterte Fenster, hohe Holztüren – die *Architektur der frühen Kolonialzeit* prägt bis heute viele kubanische Städte, allen voran die sechs ältesten: Bayamo (gegründet 1512), Remedios, Sancti Spíritus und Trinidad (alle 1514) sowie Baracoas Hauptstadt-Nachfolger Santiago de Cuba (1515) und natürlich Havanna (1514). Andere Städte wie Holguín oder Matanzas prunken mit

Koloniale Pracht mit lebendiger Geschichte

Palästen aus der späten Kolonialzeit, als hier spanische Zuckerbarone und Sklaven noch einen unvorstellbaren Reichtum erwirtschafteten, während der Rest Amerikas längst unabhängig und frei war.

Die Krone der kubanischen Städte ist und bleibt aber *Havanna*, durch die Jahrhunderte vielfach besungen und beschrieben: ob seiner Lage direkt am Meer, das sein Salz wie eine Würze über die Metropole versprüht; ob der prächtigen Architektur aus den unterschiedlichsten Epochen, ob der alten Häuser, die Calle für Calle, Avenida für Avenida die unglaublichsten Geschichten erzählen. Zum Beispiel jene von dem Zuhälter Alberto Yarini y Ponce de Léon, „El Rey" (der König) genannt, der aus einer der besten Familien Havannas stammte und mit seinen sechs Frauen in der Calle Paula Nr. 96 wohnte, von berühmten Tänzerinnen wie Josefine Baker, von berüchtigten Mafiosi wie Meyer Lansky und natürlich von „Papa" Ernest Hemingway. Langsam kehren sie zurück, diese alten Geschichten, ausgegraben von kubanischen Schriftstellern wie Leonardo Padura. Ihre Erzählungen nehmen den restaurierten Straßenzügen das Fassadenhafte – und versöhnen mit den Irrtümern einer *altersweise gewordenen Revolution*.

IM TREND

1 Hüftschwung

El Perreo Tanzen ist eine der großen Leidenschaften der Kubaner. Angesagt ist der Perreo: jung, wild, sexy. Die ersten Moves lernen Sie in der *Academia de Baile Ritmo Cubano (Info: www.sprachcaffe-kuba.com)*, um das Gelernte dann im In-Club *El Chévere (Parque Almendares | Havanna)* anzuwenden. Getanzt wird der zu Reggaeton. Mit You-Tube-Videos oder via Onlineradio *(www.radio.de)* können Sie schon mal üben.

2 Cuba by Bike

Reisen wie die Einheimischen Entdecken Sie das Land, wie es auch die Kubaner tun: gemächlich und hoch auf dem Drahtesel. *Bicycles Crossing Borders (im Metropolitano-Gebäude | San Juan de Dios | Havanna | www.bikestocuba.org)* schickt ungenützte Räder von Kanada nach Kuba, um die dortige Bevölkerung zu unterstützen. Wer hier ein Rad mietet, unterstützt auch das Projekt. Eine Tour inklusive Rad, Führer und Unterkünften können Sie bei *Gap Adventures (www.gapadventures.com) (Foto)* oder *Cuba Select Travel (gocyclingcuba.com)* buchen.

3 So klingt Kuba

Von Alamar in die Welt Vor allem im Untergrund ist der kubanische Rap zu hören. Kein Wunder, denn in ihren bissigen Texten nehmen die Sänger kein Blatt vor den Mund. Ihren Ursprung hat die Musik in Havannas Trabantenstadt Alamar. Eine der stimmgewaltigsten Vertreterinnen ist *Telmary Díaz*. Das Duo *Ogguere* und Rapper *Kumar* sind Beispiele für den Rap Cubano; Hörproben nach Eingabe des Künstlernamens auf myspace.com/discover/songs. In der *Barbaram Pepito's Bar (Av. 26 | Havanna)* hat man die besten Chancen, den rappenden Nachwuchs live zu sehen.

In Kuba gibt es viel Neues zu entdecken. Das Spannendste auf diesen Seiten

Domino-Effekt

Klacki-di-klack Auf Kubas Straßen hört man dieses Geräusch überall. Es ist das Klappern der Dominosteine. Die besten Chancen, zu einer Partie eingeladen zu werden, haben Sie auf Havannas Plaza de Armas. In zweifacher Hinsicht aussichtsreich ist ein Spiel in der Calle Padre Pico. Von der Treppenstraße, die die Ober- und Unterstadt von Santiago de Cuba verbindet, sieht man bis zu den Bergen. Wer vom Dominofieber gepackt ist, nimmt ein Set von Havannas Kunsthandwerksmarkt *Fería de Artesanía (Av. del Puerto 12/Antiguo Almacenes San José)* mit nach Hause. Und die Dominoliebe endet auch nach dem Tod nicht: Auf dem *Cementerio Colón (Eingang: Zapata und C/ 12 | Havanna)* befindet sich das Grab der „Domino-Toten". Sie starb beim Spiel an einem Herzinfarkt. Die Spielsteinfolge ihrer letzten Partie ist auf dem Grab verewigt. Heute besuchen Spieler ihr Grab für ein wenig Extraglück.

Kunst aus dem Nichts

Upcycling Aus der Not eine Tugend machen. Diesem Motto folgend stellt Lucía Fernández Skulpturen aus Abfall her. Mit großem Erfolg: Ihre Werke schafften es sogar an den Laufsteg der *Art and Style Fashion Show* in Havanna. Aus alter Kleidung kreiert die Gruppe *Guerra de la Paz (www.guerradelapaz.com)* eindrucksvolle Skulpturen. Mit ihren Werken in Bonsai- oder Schlangenform hat sie internationalen Erfolg. Bei Angel Ramírez kommen die alten Materialien auch als zweidimensionales Gemälde an die Wand *(www.amramirez.com) (Foto)*. Die Galerie *Servando (C/ 23 1151/ Ecke C/ 10 | Vedado | Havanna)* unterstützt die einheimischen Künstler.

Bild: Cienfuegos, Parque Martí

FAKTEN, MENSCHEN & NEWS

ARCHITEKTUR

Viele Häuser von *Habana vieja* stammen noch aus der Zeit des Neobarock, der sich mit dem Zuckerboom des 18. Jhs. in repräsentativen Portalen, Marmorböden und -säulen manifestierte. Zum Schutz gegen Feuchtigkeit wurden die Wände gekachelt und für Decken und Treppengeländer Mahagoniholz verwendet. Die älteren Balkone sind aus Holz; später ging man zu Steinbalkonen mit schmiedeeisernen Ziergittern *(rejas)* über. Mehrfarbiges, mit Blei verbundenes Glas wurde bald Mode als Lichtfang über Türen, hinter denen sich Patios mit luftigen Galerien öffnen, die zu den hohen Räumen führen. Zu diesen alten Prachtpalästen kamen Anfang des 20. Jhs. aufwendige Jugendstil-, Art-déco- und Bauhausbauten hinzu. Das älteste Haus Kubas (1522) ist die Casa de Velázquez in Santiago. Hier ist sehr schön die kolonialspanische Bauweise der mit Lüftungsgittern verkleideten *patio*-Galerie zu erkennen. Die *bohíos*, aus Lehm und Holzstäben erbaute indianische Hütten, haben als Architektur für Touristenrestaurants und Bungalows überlebt.

BEVÖLKERUNG

Das Volk der Kubaner zählt 11,2 Mio. Menschen. 64 Prozent von ihnen bezeichneten sich während der letzten Volkszählung als weiß, inklusive der Minderheit von Chinesen, 26,6 Prozent als Mulatten und 9,3 Prozent als schwarz. Dank der Revolution gibt es heute in allen Schichten der Bevölkerung das Bewusstsein dafür,

Von Architektur bis Wirtschaft: Wissenswertes für Neuankömmlinge, die hinter Kubas tropische Kulissen schauen wollen

gleiche Rechte zu besitzen. Das äußert sich in einem relativ respektvollen Miteinander und hat auch den sonst in Lateinamerika weit verbreiteten *machismo* in Grenzen gehalten.

CHE GUEVARA

Er war Argentinier. Und in die Nähe seines Heimatlandes zog es ihn zuletzt zurück, rastlos von der Idee getrieben, die Welt zu revolutionieren. Am 8. Oktober 1967 wurde Ernesto „Che" Guevara im bolivianischen Oriente gefangen genommen und am nächsten Tag auf Regierungsbefehl in der Schule des Dorfs La Higuera exekutiert. Seine sterblichen Überreste fand man erst 1997, verscharrt unter einer Landebahn. Noch im gleichen Jahr holte Fidel Castro sie nach Santa Clara, wo Che Guevara mit seinem Sieg über die Batista-Truppen auch den Sieg der Revolution besiegelt hatte. Für die 68er-Generation in aller Welt wurde Che durch seine Idee vom „neuen Menschen", der materiellen Werten abschwört, zum Idol und sein millionenfach reproduziertes

Foto zur Ikone. 2008 setzte Steven Soderbergh ihm mit dem zweiteilgen Filmepos „Che – Revolución" und „Che – Guerrilla" ein Denkmal.

FAUNA

Vor allem Vogelkundler kommen auf Kuba ins Schwärmen: 350 Arten sind gelistet, darunter 300 Zugvögel und 25 endemische Arten wie der Tocororo, der wegen seines blau-rot-weißen Gefieders zum Nationalvogel Kubas erkoren wurde. Säugetiere sind mit 54 Arten vertreten, darunter das in den Gebirgswäldern lebende große Nagetier *Jutía conga*. Zu den 42 Reptilienarten gehört die ungiftige Santa María-Schlange, die bis zu 2 m lang wird. Bemerkenswert unter den 1400 Weichtieren sind die für die Provinz Camagüey typischen Schnecken der Gattung Polymita mit ihren bunt marmorierten Häusern. Den schönsten Anblick bieten die Flamingos auf den Lagunen von Cayo Coco oder Playa Santa Lucía, den seltensten die in den Buchten der Ciénaga de Zapata grasenden Seekühe und lauernden Krokodile. In diesem Biosphärenreservat der Unesco hat auch eine prähistorische Fischart überlebt: der auf 150 Mio. Jahre geschätzte Manjuarí. Taucher können sich auf über 900 Fischarten freuen.

FLORA

Typisch für Kuba ist die *palma real*, die mächtige Königspalme, die bis zu 40 m hoch werden kann. Anstelle von Nüssen besitzt sie in dichten Trauben wachsende Fruchtkerne, aus denen Öl gewonnen wird. An vielen Stränden wächst der kräftige Strandweinbaum mit harten, herzförmigen Blättern. Unter dem Laub des dickleibigen Ceibabaumes sollen sich schon vor der Ankunft der Spanier die Indios zu Beratungen getroffen haben. Zu bizarren Formen bringt es der *jagüey*-Baum, der Wirtsbäume erdrosselt, um sich mit seinen Luftwurzeln auszubreiten. In den höheren Lagen wachsen Kiefern, und viele Regionen wurden zum Schutz vor Erosion mit dem Eukalyptusbaum aufgeforstet. Zu den auf Kuba endemischen Pflanzen gehören die Korkpalme, die Bauchpalme und die kubani-

Krokodil im Biosphärenresevat Ciénaga de Zapata

FAKTEN, MENSCHEN & NEWS

sche Kiefer. Die Nationalblume Kubas ist die weiß-blühende, stark duftende *mariposa* (Schmetterlingsjasmin).

LITERATUR

Die bedeutendsten kubanischen Schriftsteller sind José Martí (1853–95), José Lezama Lima (1910–76), Alejo Carpentier (1904–80) und der Lyriker Nicolás Guillén (1902–89). Der berühmteste unter ihnen, zumindest in Lateinamerika, ist José Martí. Er hatte früh unter politischen Repressionen zu leiden. Er reiste viel und hinterließ ein umfangreiches Werk an Briefen, Reden, Essays und Gedichtbänden, als er im Freiheitskampf für Kuba jung starb. Zu den bekanntesten zeitgenössischen Schriftstellern des Landes zählt Miguel Barnet (geb. 1940), der 1966 den „Cimarrón" veröffentlichte und mit dieser Geschichte eines entlaufenen Sklaven einen Zyklus über die kubanische Identität eröffnete, darunter „Ein Kubaner in New York" und „Alle träumten von Kuba". Guillermo Cabrera Infante (1929–2005) wurde mit den Romanen „Drei traurige Tiger" und „Ansicht der Tropen im Morgengrauen" auch in Europa bekannt.

MUSIK

Kubas Rhythmen, afrospanisch und teilweise auch französisch beeinflusst, genossen dank Havannas Schlüsselposition als Brückenkopf zwischen Europa und der Neuen Welt früh große Popularität in Europa, später auch in den USA. Um 1900 entstand daraus der elegante und üppig mit Instrumenten besetzte *Danzón*. Die Kubaner auf dem Land liebten ihn leichter und afrikanischer; sie wandelten ihn später in den *Son* um. Seit Wim Wenders' Musikfilm „Buena Vista Social Club" ist er wieder das Markenzeichen Kubas. *Trova* sind liebesehnsüchtige, melancholische Troubadour-Gesänge zur Gitarre und *Nueva Trova* deren revolutionäre Politvariante. Das wohl berühmteste kubanische Lied ist „Guantanamera", dessen poetischer Text von José Martí stammt.

NATURSCHUTZ

Zielstrebig setzte der Staat in den letzten Jahren Versprechungen zum Naturschutz in die Tat um und stellte immer mehr seiner zahlreichen intakten tropischen Ökosysteme unter Naturschutz. Insgesamt 263 Schutzgebiete gibt es

TODOS SOMOS AMERICANOS

„Wir sind alle Amerikaner!" Mit diesen versöhnlichen Worten beendete US-Präsident Barack Obama Ende 2014 den kalten Krieg zwischen den USA und Kuba – nach über 50 Jahren eisiger kommunistisch-kapitalistischer Nachbarschaft. Obamas Rede und die zustimmende Erklärung Raúl Castros wurde weltweit im Fernsehen ausgestrahlt und als Beginn einer neuen Ära gewertet. Noch aber hat sich für die Kubaner nur wenig verändert. Das wirtschaftliche Embargo besteht nach wie vor. Obama kann es nur mit Zustimmung des US-Kongresses abschaffen. Immerhin gibt es zu den bereits bestehenden neue Embargo-Schlupflöcher wie das Abkommen über den Export von Internettechnologien nach Kuba. Auch wurde die Obergrenze für Geldüberweisungen an Verwandte in Kuba von 500 auf 2000 US $ pro Quartal erhöht.

heute, darunter im Osten die Nationalparks *Alejandro de Humboldt* und *Desembarco del Granma,* in der Mitte bei Camagüey *Limones-Tuabaquey,* vor der Südküste *Jardines de la Reina* (mit über 4000 Inseln), im Westen das *Valle de Viñales* und im Südwesten die *Peninsula Guanahacabibes*. Die Unesco ernannte sechs Kulturlandschaften zu Biosphärenreservaten. Zum Teil gleichen oder überschneiden sie sich mit den nationalen Nationalparks, so auf der Halbinsel Guanahacabibes. Insgesamt steht fast ein Viertel Kubas unter Naturschutz. Mehr Infos: www.turnatcuba.com

REVOLUTION

Ohne den charismatischen Juristen Fidel Castro (*offiziell am 13.8.1926) hätte die Revolution auf Kuba wohl kaum gesiegt. Sogar Misserfolge wie den Sturm auf die Kaserne münzte er in Siegesgewissheit um („Die Geschichte wird mich freisprechen"). Dank einer Amnestie von Diktator Batista wieder auf freiem Fuß, bereitete Castro dessen Sturz in Mexiko vor, unterstützt u. a. von seinem Bruder Raúl und Che Guevara. 1956 landeten die Revolutionäre mit der Yacht „Granma" auf Kuba; Verrat dezimierte die Truppe jedoch auf den harten Kern. Im Versteck der Sierra Maestra begann ihr Guerilakampf. Ende 1958 übernahm Che Guevara Santa Clara, und am 1. Januar 1959 verkündete Castro den Sieg der Revolution.

STAAT

Kubas Staatswesen wurde erst 1965 mit der Gründung der bis heute einzigen legalen Partei, der Partido Comunista de Cuba (Kommunistische Partei Kubas, PCC), etabliert. Der Staatspräsident ist zugleich Oberbefehlshaber der Streitkräfte; bis 2008 übte Fidel Castro dieses Amt aus, dann folgte ihm sein Bruder Raúl. 2013 erklärte dieser, nun seine letzte Amtszeit (5 Jahre) antreten zu wollen. Sitz der PCC ist das Haus des Zentralkomitees an der Plaza de la Revolución in Havanna. Die Nationalversammlung *(poder popular)* besteht aus 612 Delegierten, die alle zweieinhalb Jahre in Plenarsitzungen der Provinzen und Städ-

BÜCHER & FILME

Ketzer – In Leonardo Paduras Krimi spürt Ex-Kommissar Conde dieses Mal die Geheimnisse eines Christusbildes auf (2013)

Kuba im 21. Jahrhundert – Die zurzeit beste Kuba-Analyse, verfasst von Kuba-Kenner Michael Zeuske (2012)

Havanna. Literarische Spaziergänge – Von Barbara Schwarzwälder; ein Schatz für alle, die Havanna ins Herz schauen wollen (2001)

7 Tage in Havanna – Sieben Schicksale, von sieben berühmten Regisseuren packend in Szene gesetzt (2013)

Buena Vista Social Club – Filmischer Welterfolg (1999) von Wim Wenders und Ry Cooder mit den legendären Altstars des kubanischen Son

Erdbeer und Schokolade – Wunderbarer Spielfilm des kubanischen Starregisseurs Tomás Gutiérrez Alea über Freundschaft und Toleranz (1993)

FAKTEN, MENSCHEN & NEWS

Martialisches Denkmal für die Revolution in Santiago de Cuba

te für fünf Jahre gewählt werden. Die Nationalversammlung wählt die 31 Mitglieder des Staatsrats. Wählen dürfen Kubaner ab dem 16. Lebensjahr. *www.pcc.cu | www.granma.cu*

STRÄNDE

Ca. 300 Strände nehmen über 588 km der 5700 km langen Küste ein: die meisten weiß und feinsandig wie die berühmten Playas Varadero und Guardalavaca im Norden oder auf den Inseln *Cayos Las Brujas*, *Ensenachos* und *Santa María* oder *Cayos Coco* und *Guillermo*. Die schönsten Strände des Südens sind die Playa Ancón bei Trinidad, die Playa Bacanao vor Santiago de Cuba und die von Cayo Largo.

WIRTSCHAFT

Das Fundament der kubanischen Wirtschaft, die sozialistische Planwirtschaft mit zugesicherter Grundversorgung der Bevölkerung (z. B. mit der Lebensmittelkarte *libreta*), bröckelt seit der großen Wirtschaftskrise *(periodo especial)* durch den Verlust des festen Handelspartners Sowjetunion. Erholung brachte damals der Devisenstrom durch die Einführung des Tourismus. In der Folge aber wurde die starke Kaufkraft der Devisenwährung *Peso Convertible* (CUC) im Vergleich zum schwachen kubanischen Peso ein Problem. Um die Wirtschaft (und damit auch den Peso) zu stärken, forciert die Regierung Raúl Castros Reformen. 2011 wurde eine Aktualisierung des alten Wirtschaftsmodells beschlossen. Deren Hauptziele sind die Förderung des freien Handels, die „Rekapitalisierung der Unternehmen" (u. a. mit mehr Investitionen und mit mehr Kompetenzen für Manager) sowie der Abbau öffentlicher Stellen. Appelle wie „Trabajar con orden, disciplina y exigencia" (Mit System, Disziplin und Ausdauer arbeiten) sollen die Arbeitsmoral der Bevölkerung heben. Tatsächlich erholte sich die Zuckerindustrie etwas, und die Exporte stiegen. Ab 2015 steht die Abschaffung des doppelten Währungssystem auf dem Programm. Zurzeit liegt das monatliche Einkommen bei umgerechnet 15–20 Euro. Kostenlos sind Bildung und ärztliche Versorgung; Strom und Gas werden subventioniert.

ESSEN & TRINKEN

Eine Limette, sechs frische Minzeblätter, ein Teelöffel Zucker, zwei Zentiliter Rum, Sodawasser, ein Minzezweig hinein – fertig ist Kubas Nationalgetränk, der Mojito. Oder wie wär's mit einem zartgrünen Daiquirí aus Zuckerrohrsirup, Rum und Limonensaft, wie ihn der große Ernest Hemingway so geliebt haben soll?

Oder mit einem Mary Pickford, einem Havanna-Spezial, einem Canchanchara und nicht zuletzt einem *Cuba libre*? Dazu gehört die Atmosphäre einer Bar aus Havannas berühmt-berüchtigten 1920er- und 1930er-Jahren, als die US-Mafiosi Al Capone und Meyer Lansky hier Stammgäste waren, und später auch der trinkfreudige Ernest Hemingway. Die *Cocktailbars* zehren von der legendenumwobenen Zeit der Prohibition (Verbot von Alkoholherstellung und -konsum 1920–33) in den USA. Damals war Kuba die einzig legale und dazu noch schön tropisch gelegene Tankstelle für Trinklustige und Drehscheibe des Alkoholgeschäfts. Hemingways Lieblingsbar *El Floridita* und *La Bodeguita del Medio* sind Pflicht beim Havanna-Besuch. Ob *Cuba libre, Mojito* oder *Daiquirí:* Zum Mixen nimmt man **weißen Rum**, der fünf oder mehr Jahre in Eichenholzfässern gereift ist. Mit höherem Alter weist er eine dunklere Farbe auf und wird *añejo* genannt. Den Rum genießt man pur *(ron seco)* oder on the rocks *(ron con hielo)*. Der bekannteste Rum der Welt kommt ursprünglich aus Kuba: Bacardí. Unvergessen blieb der *Havanna-Club,* in dem

Bild: Gekochte Languste

Neben Cocktails, Fisch und Schalentieren bereichert Hausmannskost mit Frischem von den Bauernmärkten die kubanische Küche

sich US-Geschäftsleute trafen und die **Rumbrenner-Dynastie Bacardí** ihren Gästen Rum ausschenkte. Nach der Revolution flohen die Bacardís nach Puerto Rico, doch pflegt Kuba das Erbe seiner berühmtesten Exilantenfamilie. Verewigt wurde der Name „Havana Club" vor allem im Rum des revolutionären Kubas. Biertrinker können unter mehreren Sorten wählen. Erfrischend wie ein leichtes Pils ist z. B. das *Cristal*. Kaffeetrinker sollten den *café cubano* probieren, der in kleinen Tassen schwarz und gezuckert serviert wird. *Guarapo* heißt der trübe, leicht süße, ausgepresste Saft des **Zuckerrohrs**. Er ist trotz seiner Süße erfrischend. Ein besonderer Genuss sind die *frisch gepressten Säfte* sonnengereifter Tropenfrüchte wie von *piñas* (Ananas), Mangos, Papayas, Guaven, Zitronen bzw. Limonen, Apfelsinen und Grapefruit.

Das Thema „Speisen" war lange von der schlechten Versorgungslage überschattet. Gelegentlich ist diese heute noch spürbar. Wundern Sie sich deshalb nicht, wenn es in Restaurants nur

SPEZIALITÄTEN

ajiaco bayamés – Eintopf aus Bayamo mit Schweinefleisch, Maisbällchen, Kreuzkümmel, Tomaten, Zwiebeln, Knoblauch, Chili und grünen Bananen
arroz congrí (oriental) – Reis mit Bohnen, Knoblauch und Speck
arroz con pescado al ron – Reis mit in Rum getränktem Fisch, mit Nelken und Pfeffer gewürzt
bacalao con plátano – Kabeljau mit gekochter grüner Banane
bocadito – warmes, belegtes Brötchen
calamares – Tintenfischringe
carne asada – geschmortes Fleisch, meist mit Möhren, Knoblauch, Zwiebel, Porree und Tomate, gewürzt mit Oregano und Lorbeer
coquito blanco – süße Nachspeise aus Kokosnussfleisch
parrillada de pescado/carne – Grillplatte von verschiedenen Fisch- bzw. Fleischsorten
patas y panza guisado con arroz blanco – Füße und Bauch vom Schwein, mit Piment, Salz, Tomatenmark und Knoblauch in Wasser gekocht, mit weißem Reis serviert
pato guisado – geschmorte Ente
picadillo a la Habanera – Rinderhack, das mit Zwiebeln, Knoblauch, Tomaten und Wein geschmort wird und noch mit Spiegeleiern gekrönt werden kann; dazu wird weißer Reis gegessen
pollo ahumado – herzhaftes, vor dem Braten geräuchertes Huhn
pollo frito a la criolla – Hähnchenteile, die vor dem Braten in einer Marinade aus Orangen, Piment, Zwiebeln und Knoblauch eingelegt und mit Mehl paniert wurden
potaje de frijoles negros – Eintopf von schwarzen Bohnen mit Speck, Chorizo- und Kartoffelstücken, Knoblauch, Tomatenmark und Zwiebeln, gewürzt mit Oregano und Kümmel (Foto re.)
ropa vieja – bedeutet übersetzt „alte Kleider": weich gekochtes und in Stücke gerupftes Rindfleisch, das in einer würzigen Sauce zu weißem Reis gegessen wird (Foto li.)

eine kleine Auswahl an Speisen gibt oder auf der Karte angebotene „im Moment" nicht zu haben sind. Anders sieht es in den privaten Restaurants und *paladares* aus (so hießen die ersten privaten Restaurants, heute nennt man nur noch kleinere und einfachere Restaurants so). Die Köche beziehen heute Frisches von ihren eigenen Lieferanten, **kaufen täglich auf den Märkten** oder auf Vorrat (Importwa-

ESSEN & TRINKEN

re) in Havannas Diplomatenmärkten. Übrigens: Wenn man Ihnen als Gast in einer *casa particular* die Zubereitung von Hauptmahlzeiten anbietet, ist das mehr als nur Höflichkeit. Die Gastwirte zahlen für das Recht der Beköstigung hohe Steuern. Wenn Sie annehmen, ist also sowohl Ihrem Hunger als auch Ihren Gastgebern geholfen. Melden Sie Ihre Wünsche aber zwei Stunden im Voraus oder beim Frühstück an, denn manche Zutat muss erst besorgt werden.

Abgesehen von *Havannas ehrgeiziger neuer Restaurantszene* ist das Angebot in den Restaurants eher rustikal. Typische Beilage ist *Reis mit schwarzen Bohnen*, *arroz moro*. In Suppen und als Beilage werden häufig auch gekochte Süßkartoffel *(boniato)*, *ñame* (Jamswurzel) oder Maniokwurzel *(yuca)* gereicht. *Plátanos* (Kochbananen) werden oft als frittierte Scheiben zu Fisch und Fleisch serviert. *Suppen* gehören zur traditionellen kubanischen Küche, die stark spanisch-maurisch beeinflusst ist. Ein ursprünglich spanischer „Klassiker", den man häufig auf den Speisekarten findet, ist die *sopa de ajo*, eine einfache, aber köstliche Knoblauchsuppe.

Die größten Delikatessen sind natürlich *Meeresfrüchte* wie z. B. Langusten, an denen zumindest in den Hotels kein Mangel herrscht. Fisch wird gekocht *(hervido)*, gebraten *(asado)*, auf Pizza und in Teigbällchen verbacken oder als *salpicón* (Salat) gereicht. Vorsicht ist allerdings geboten in wenig frequentierten staatlichen Restaurants an den Autobahnen oder an den Stränden. Wie jedes Restaurant haben sie zwar die Lizenz zum Verkauf von Langusten und anderen Meeresfrüchten, aber die Tiere werden hier wegen der spärlichen Kundschaft meist länger in Kühltruhen gelagert – und deren Stromversorgung ist auf Kuba so unsicher wie das Wetter zur Hurrikanzeit: Der Strom fällt aus, und der Inhalt taut ab; der Strom geht an, und der Inhalt friert wieder ein. Das ist nicht gerade förderlich für die Bekömmlichkeit der Lebensmittel. *In privaten Restaurants sind Langusten meistens superfrisch und preiswert.* Die wahre Kunst der Zu-

Erfrischend: Kubas Nationalgetränk, der Mojito

bereitung (so, dass das Fleisch noch saftig bleibt) findet man allerdings eher in den besseren Restaurants.

Schwere Magenverstimmungen rühren auf Kuba meist von verdorbenen Meeresfrüchten her und weniger von unsauberem *Wasser*. Trotzdem vorbeugen: bei Getränken mit Wasser *agua sana* (sauberes Wasser) verlangen, Eiswürfel und Salate meiden.

Für den Besuch der *besseren Restaurants* gilt: Der Gast wartet am Eingang, bis ein Kellner ihn zu einem freien Tisch führt. Eine Voranmeldung ist meist nicht nötig.

EINKAUFEN

Phantasie ist das Kapital, aus dem viele Souvenirs in Kuba fabriziert werden, von den Klassikern – der Zigarre, dem Rum oder CDs mit heißer kubanischer Musik – mal abgesehen. Denn Improvisation mit dem verfügbaren Material muss industrielle Produktion in großem Stil ersetzen. An Ideen mangelt es nicht. So gehören auf den Märkten typisch kubanische Oldtimer aus buntem Getränkedosen-Altmaterial zu den Verkaufsschlagern. Kunsthandwerker übertreffen sich im Verwenden von Rohmaterialien wie Holz, Muscheln, Sisal oder Stoff, indem sie kreolische Puppen, Garten- oder Kindermöbel und Schmuck in den verwegensten Variationen herstellen. Es gibt jede Menge Häkelarbeiten, Strohhüte und -taschen, Reproduktionen alter spanischer Segelschiffe in Modellgröße. Dazu plünderte der Staat für die Che-Guevara-Fans in aller Welt die Archive und bietet das Konterfei des glorifizierten Revolutionärs auf T-Shirts, Postkarten, in Bildbänden, auf Buchstützen und sogar auf Hosenträgern an.

Im Normalfall können Sie mit folgenden Öffnungszeiten rechnen: Geschäfte *Mo–Sa 10/11–19.30 Uhr,* Touristenshops *tgl. 9–21 Uhr,* Banken *Mo–Fr 8.30–12* und *13.30–15 Uhr,* Wechselstuben *Mo–Sa 8–18 Uhr,* Postämter *(correo) Mo–Fr 8–18 Uhr.* Läden in den Servi-Tankstellen sind durchgehend geöffnet.

KUNST

Kunst aus Kuba findet sich in Havanna in großer Auswahl, sei es in den Galerien der Calle Obispo, in der *Taller experimental de Gráfica* bei der Plaza de Catedral oder im *Mercado Artesanal* des *Centro Cultural Antiguos Almacenes de Depósito San José* am alten Hafen. So manches Talent ist da auch persönlich anzutreffen. Außerdem gibt es dort auch ein Büro des *Registro Nacional de Bienes Culturales,* in dem die Genehmigung *(autorización)* für die Ausfuhr (Pflicht ab einer Bildgröße von 30 x 40 cm) abgestempelt wird. Extrakosten: 2 CUC (am Flughafen 3 CUC).

MUSIK

Wer kubanische Rhythmen mit nach Hause nehmen will, braucht meist nicht lange zu suchen. Ob in Cafés, Bars oder in einer Casa de la Trova: Überall, wo Bands spielen, verkaufen sie auch CDs mit ihrer Musik, auf Wunsch signiert. Technisch sind solche CDs allerdings selten erste Wahl. Beste Tonqualitäten dage-

Es gibt viel Typisches zum Mitbringen: Kleinkunst, edle Havanna-Zigarren, kubanischer Rum, Musik für Kenner

gen versprechen die in den staatlichen Egrem-Studios produzierten Scheiben. Sie werden in jedem Souvenirgeschäft angeboten. Besonders groß ist die Auswahl in den ARTEX-Läden. Angesagte Hitproduzenten sind u. a. Los Van Van und Manolito (Salsa) sowie Gente de la Zona (Reggaeton). Mehr Künstlerinfos (mit Online-Musik): www.egrem.com.cu

RUM

Ob „Ron Mulata" (www.mulata.de), „Ron Varadero", „Ron Santiago de Cuba", „Ron Caney" (www.roncaney.de) oder „Havana Club" (www.havana-club.com): Der Rum der Zuckerinsel Kuba ist für seine hervorragende Qualität berühmt. „Havana Club" ist heute die bekannteste kubanische Rummarke der Welt. Sie erhalten „Havana Club" in allen Hotelshops und Souvenirläden. Dreijährig und weiß ist Rum die unentbehrliche Basis für die diversen kubanischen Cocktails. Mehrere Jahre in Holzfässern gereift ist der wunderbar goldbraun schimmernde *Gran Reserva*. Verkauft werden vor allem fünf- und siebenjährige Gran-Reserva-Sorten. Man trinkt sie pur oder mit Eis wie einen guten Whisky.

ZIGARREN

Die beste Gelegenheit für den Einkauf von echten Havannas bietet der Besuch einer der Zigarrenfabriken *(fábricas de tabaco)*, wo man den *tabaqueros* bei der Arbeit zusehen darf. Ein Erlebnis: Wenn Vorleser die Arbeiter mit Geschichten unterhalten! Vorsicht bei Angeboten auf der Straße: Fast immer handelt es sich um Fälschungen der bekannten Sorten wie Cohiba, Romeo y Julieta oder Montecristo. Denken Sie daran: Für die Ausfuhr von mehr als 50 Zigarren benötigt man die Kaufbelege des Geschäfts in Original und Kopie (für den Zollbeamten); außerdem müssen die Zigarren originalverpackt und mit dem neuen holografischen Stempel versehen sein.

HAVANNA

KARTE IM HINTEREN UMSCHLAG
(129 E–F2) (*D2*) „In Havanna, mein Lieber, geht alles, wenn du kein Langeweiler bist." So spricht der Volksmund über das Leben in der Metropole Kubas.

Nie war der Spruch so aktuell wie jetzt, da ein vielfältiges Kleinunternehmertum dem behäbigen sozialistischen Staatsapparat vorführt, was – trotz hoher Besteuerung – alles möglich ist: Die Straßen säumen kleine Imbissstände mit Hamburgern, Hot-Dogs, Pizza oder frischen Säften; Fahrradtaxis bieten ihre Dienste an, ebenso private Taxis – und das alles für Kubaner zu kubanischen Peso-Preisen und für Touristen zum korrekten Wechselkurs in CUC. Alles wirkt ein bisschen wie die heimliche Übernahme Havannas durch seine Bürger, bzw. den freien Unternehmergeist. Den Rahmen dazu schuf der Stadthistoriker Eusebio Leal mit seiner groß angelegten Restaurierung der Altstadt, die längst noch nicht beendet ist. Aber sie schuf ein neues Havanna, eins, das sich nicht mehr selbst zerstört, das wieder auf der Weltbühne mitspielen will, kurzum, eins, das sich – nach langer revolutionsbedingter Pause – wieder liebt. Was spielt es da noch für eine Rolle, dass sich in den Seitenstraßen z. B. des Centro noch so manche Schutthalde türmt und bröckelnde Fassaden der Häuser noch beredt von früherer Geringschätzung erzählen?

Die größte Attraktion von Havanna (3 Mio. Ew.) ist die 1982 von der Unesco zum Kulturerbe der Menschheit erklär-

Bild: Oldtimer vor dem Kapitol in Havanna

Bars, Bodegas und Baluarten: Keine andere Stadt in der Karibik zieht Besucher so in den Bann wie das Unesco-Welterbe Havanna

te historische Altstadt, *Habana vieja*, die Urzelle der einst wichtigsten Hafenstadt zwischen Amerika und Europa. Man spaziert durch Straßenschluchten mit kolonialen, barocken und klassizistischen Gebäuden. Auf uralten Pflastersteinen spaziert man über Plätze, auf denen früher die Kutschen der feinen Leute parkten, vorbei an hohen Flügeltüren, die Einblicke in herrschaftliche Eingangshallen oder säulengerahmte *patios* bieten, betritt Marmorböden und gleitet mit der Hand über geschwungene Geländer aus Mahagoni. Auch der berühmte ● *Malecón* beginnt in der Altstadt: Fast sehnsuchtsvoll zur Straße von Florida gewandt, ist er die Kaimauer der *enamorados*, der Verliebten, und Schaumeile säulengeschmückter Fassaden, die bereits teilweise restauriert sind. Gen Westen schwingt er kilometerweit entlang der Küste, vorbei am Stadtviertel Centro und dem jüngeren Vedado, und endet am Tunnel zur Quinta Avenida, der von Villen bestandenen Prachtstraße von Miramar, wo viele Botschaften ihren Sitz

HABANA VIEJA/CENTRO

In der Callejón del Hamel wird sonntags getanzt und Musik gemacht

haben. Und im Osten, wo er in die Avenida del Puerto übergeht, kann man in den Tunnel abzweigen, der die engste Stelle der Hafeneinfahrt unterführt. Er mündet in die Vía Monumental mit der Zufahrt zum Complejo El Morro. Die Vía Monumental bringt Sie zur Vía Blanca, von der die Abfahrten zu den schönen Stränden der Playas del Este abzweigen, und die dann weiter nach Varadero führt.

HABANA VIEJA/CENTRO

Gasse für Gasse, Platz für Platz geschmückt mit prächtigen Bauten verschiedener Epochen – und überall Musik: ⭐ Habana Vieja, die Altstadt, ist ein lebenspralles Monument für den jahrhundertelangen, fast ununterbrochenen Aufstieg der Stadt zu einer der einst reichsten Amerikas.

Jede Epoche hat ihre Spuren hinterlassen. Ein kleiner Tempel *(El Templete)* erinnert auf der Plaza de Armas an 1519, als die fünf Jahre zuvor von Diego Velázquez gegründete *Villa San Cristóbal de La Habana* an ihren heutigen Platz verlegt wurde; erste Befestigungen wie das *Castillo de Real Fuerza* bezeugen ihre Beförderung (1535) zum Sammelhafen aller

WOHIN ZUERST?
Parque Central (U E2–3) (*e2–3*): Der Platz ist internationaler Treffpunkt und touristische Schnittstelle. Vor dem Hotel *Parque Central* parken oft ● Oldtimertaxis, die man für Stadtrundfahrten (ca. 20 CUC/Std.) buchen kann; vor dem Hotel *Inglaterra* halten die günstigen Hop-on-Hop-off-Sightseeing-Busse von *Habana Bus Tour*, und in der Passage des nahen Hotels *Sevilla* kann man Ausflüge und Mietwagen buchen. In die Altstadt, zum Prado und zum Malecón sind es jeweils nur ein paar Schritte.

HAVANNA

spanischen Schatzschiffe aus Mittel- und Südamerika. Welcher Reichtum offenbar zu verteidigen war, davon erzählen Reste der alten Stadtmauer, vereinzelte Baluarten, und vor allem aber der gigantische Festungskomplex Morro-Cabaña.

Auf Schritt und Tritt begegnen Sie Zeugen aus Kubas Zeit als weltgrößter Zuckerlieferant: Prachtvolle Paläste mit Holzbalkonen, fürstlichen Portalen oder hohen Holztüren mit phantasievollen *aldabas* (Türklopfern), die auf arkadengeschmückte Patios und in Räume mit Kassettendecken führen. In die restaurierten Gebäude zogen inzwischen Hotels und Lokale ein; auch die alten Hafengebäude werden immer mehr in eine touristische Zone für Kreuzfahrer und Segler verwandelt. Der Parque Central, das Kapitol und das alte *Barrio Chino* gehören schon zu Habana Centro. Mit den lebhaften Calles Galiano und Rafael besitzt es seine eigenen Geschäftsstraßen, und am Malecón zeigt es sich von seiner besten Seite: mit klassizistischen oder Art-déco-Fassaden und Säulengängen.

SEHENSWERTES

INSIDER TIPP CALLEJÓN DE HAMEL
(U B–C2) (*b–c2*)

Allein die Wandmalereien in der Gasse, der kleine, mit Kultgegenständen volle Santería-Laden und das Eckcafé sind schon einen Besuch wert. Jeden Sonntag (*12–17 Uhr*) findet hier traditionell ein ausgelassenes Straßenfest statt (inzwischen leider unregelmäßig): Gruppen trommeln, was das Zeug hält, und Kubaner(-innen) tanzen sich auf offener Straße in Trance. *Callejón de Hamel | zw. Aramburu/Hospital*

CALLE OBISPO (U E–F2) (*e–f2*)
Die nette Bummelmeile mit Cafés, Restaurants und Läden aller Art durchquert Havannas Altstadt vom Parque Central bis zur Plaza de Armas, war einst die Hauptgeschäftsstraße und als Sitz der Nationalbank (1907) die „Wallstreet" Havannas. Nicht versäumen sollten Sie einen Besuch der originalgetreu wieder hergerichteten alten *Apotheke Taquechel (Hausnummer 155)*. Im *Hotel Ambos Mundos (52 Zi. | Tel. 78 60 95 30 | www.hotelambosmundos-cuba.com | €€)* an der Ecke Calle Mercaderes können Sie das INSIDER TIPP ehemalige Zimmer (Nr. 411) von Ernest Hemingway besichtigen.

CASA DE ÁFRICA (U F2) (*f2*)
Neben „Souvenirs", die Fidel Castro von Afrikareisen mitbrachte, sind hier Kultgegenstände zu sehen, wie sie afrokubanische Priester während ihrer Zeremonien

---

MARCO POLO HIGHLIGHTS

★ **Habana Vieja**
Die Altstadt: neuer Glanz in alten Gassen → S. 34

★ **Avenida Quinta**
Prachtstraße des Botschaftsviertels → S. 44

★ **Cabaret Tropicana**
Die weltberühmte Tanzrevue ist ein Muss → S. 46

★ **Nacional de Cuba**
Nostalgische Hotel-Reminiszenz an verruchte Zeiten → S. 47

★ **Playas del Este**
Herrliche Strände in der Nähe der Hauptstadt → S. 48

★ **Museo Hemingway**
Hier lebte und arbeitete der Literaturnobelpreisträger → S. 48

HABANA VIEJA/CENTRO

verwenden. *C/ Obrapía 157 | zw. Mercaderes/San Ignacio | Di–Sa 9.30–17, So 9.30–13 Uhr | Eintritt frei*

COMPLEJO EL MORRO-CABAÑA
(U E–F1) (f e–f1)

Das 1589 begonnene *Castillo de los Tres Reyes del Morro (tgl. 9–19 Uhr | Eintritt 1 CUC)* ist der ältere Teil des Festungskomplexes an der Hafeneinfahrt. Baumeister war der Italiener Bautista Antonelli, von dem auch das Verteidigungssystem von Cartagena (Kolumbien) stammt. Die große Anlage daneben, die *Fortaleza de la Cabaña (tgl. 10–22 Uhr | Eintritt 6 CUC)*, entstand nach dem Abzug der Engländer 1764. Hinter dem portalgeschmückten Eingang öffnet sich eine eindrucksvolle Anlage mit dem Waffen- und Festungsmuseum *(Museo de Armas y Fortificaciones)*, der ehemaligen Kommandantur Che Guevaras *(Museo Memorial Comandancia del Che)*, einer Cafeteria und ein paar Souvenirläden. *Zufahrt von der Altstadt durch den Tunnel | tgl. 9–22 Uhr | Eintritt zur Anlage ohne Besuch einer Festung 1 CUC*. Zur traditionellen Zeremonie des *cañonazo* (Abfeuern des Kanonenschusses, *tgl. 21 Uhr*), kostet das Betreten des Komplexes 8 CUC.

MAQUETA DE LA HABANA VIEJA
(U F2) (f f2)

Die Altstadt mit 3500 Gebäuden detailgenau im Maßstab 1:500. Dazu ein Film über Habana vieja. *C/ Mercaderes 116 | zw. Obispo/Obrapía | tgl. 9–18.30 Uhr | Eintritt 1,50, Fotos 2, Video 5 CUC*

MUSEO DEL AUTOMÓVIL
(U F2) (f f2)

Autofans finden im Halbdunkel des Museums so manche Perle: Der älteste unter den 25 Oldtimern ist ein Cadillac von 1905. *C/ Oficios 13 | zw. Justiz/Obrapía | Di–Sa 9–17, So 9–13 Uhr | Eintritt 1,50, Foto 2, Video 10 CUC (pro Kamera)*

MUSEO RON HAVANA CLUB
(U E2) (f e2)

Der Clou des Museums zum Thema Rum, in dem alle Stufen seiner Herstellung von der Pressung bis zur Gärung, Destillierung, Filtrierung und Reifephase anschaulich anhand von Werkzeugen, Anlagen und Behältern gezeigt werden, ist das INSIDER TIPP **Modell einer Zuckerfabrik** von 1930, der *Central Azucarero La Esperanza*. Wenn die Transportzüge in Gang gesetzt werden, ertönen Geräusche und es glimmt sogar ein Feuer im

Ein Kreuzfahrer passiert die Festung El Morro

HAVANNA

Hier dreht sich alles um Rum: Havana Club Bar im Museo Ron

Brennofen. Zum Komplex der Fundación gehören ein Laden und die *Havana Club Bar*. *Av. del Puerto 262/Ecke Calle Sol | tgl. 9–17.30 Uhr | 7 CUC inkl. Führung (auch dt.) | www.havana-club.com*

MUSEO NACIONAL DE BELLAS ARTES
(U E2) (🅜 e2)

Das Nationalmuseum der Schönen Künste ist in zwei getrennten Gebäuden untergebracht: Perlen der kubanischen Malerei aus den verschiedenen Jahrhunderten finden sich im modernen Gebäude an der Calle Trocadero *(zw. Zulueta/Montserrate)*; die Sammlung internationaler Kunst im ehemaligen *Centro Asturiano (C/ San Rafael | zw. Zulueta/Montserrate)*, das 1928 nach dem Vorbild der Pariser Oper erbaut wurde. *Beide Di–Sa 10–17.30 Uhr | Eintritt 8, einzeln je 5 CUC | www.museonacional.cult.cu*

MUSEO DE LA REVOLUCIÓN ●
(U E2) (🅜 e2)

Das umfassendste der vielen Revolutionsmuseen im Land, untergebracht im ehemaligen Präsidentenpalast (1920). Hier sind auch die berühmten, im Guerillakampf dargestellten lebensgroßen Figuren von Che Guevara und Camilo Cienfuegos zu bewundern. Prunkstück ist der 11 × 30 m große Spiegelsaal. Vor dem Museum erinnert die *Garita de la Maestranza* an den alten Mauerverlauf. Hinter dem Museum befindet sich das *Memorial Granma (Zugang übers Museum)*, ein riesiger Schaukasten mit der gleichnamigen Yacht, mit der die Rebellen 1956 auf Kuba landeten. *Av. de las Misiones | zw. Monserrate/Zulueta | tgl. 10–17 Uhr | Eintritt 7 CUC, Führung 2 CUC*

PARQUE CENTRAL/PRADO
(U E2–3) (🅜 e2–3)

Prachtplatz an der Grenze zwischen Alt-Havanna und Centro, der mitsamt dem *Paseo de Martí (Prado)* den Wohlstand Havannas um die Wende zum 20. Jh. widerspiegelt. Nicht zu übersehen ist das nahe *Kapitol* (zzt. wegen Renovierung geschlossen), das dem Kapitol in Washington nachempfundene ehemali-

HABANA VIEJA/CENTRO

Der geduckte Bau der Kathedrale dominiert die Plaza de la Catedral

ge Repräsentantenhaus (1929). Schräg gegenüber finden Santería-Freunde das *Museo de los Orishas (Paseo del Prado 615 | zw. Monte/Dragones | tgl. 9–17 Uhr | Eintritt 10, ab 2 Personen je 6 CUC)*. Rechts neben dem Kapitol fällt die neobarocke Fassade des *Palacio del Centro Gallego* (1915) auf; das *Gran Teatro (Tel. 78 61 30 96)* im rechten Teil, in dem schon Caruso sang, wird zurzeit renoviert. Das sonst hier beheimatete Nationalballet *(www.balletcuba.cult.cu)* tritt so lange im Teatro Nacional auf. Ein paar Schritte weiter lädt das älteste Hotel am Platz, das *Inglaterra (83 Zi. | Tel. 78 60 85 93, 78 60 85 97 | www.grancaribe.com | €€)*, Nostalgiker zum Verbleib in altehrwürdigen Salons und modernisierten Zimmern ein.

Gegenüber ist das 1917 erbaute neoklassizistische *Edificio Manzana de Gomez Mena* zu sehen. Dahinter, in der Calle Montserrate, erhebt sich der alte Hauptsitz der vorrevolutionären Rumdynastie der Bacardís, das *Edificio Bacardí* (1930), ein Meisterwerk des Art déco. Hier haben Reiseagenturen wie *Aventoura* aus Deutschland ihre Havanna-Büros.

PLAZA DE ARMAS (U F2) (*f2*)

Die Urzelle der Stadt. Denkmal für die Gründungsmesse ist die neoklassische Kirche *El Templete* (1823); der Ceibabaum im Vorgarten soll magische Kräfte besitzen. Daneben breitet sich der frühere Palast des Herzog von Santovenia aus, in dem heute das elegante Hotel *Santa Isabel (27 Zi. | Tel. 78 60 82 01 | hotelsantaisabel.com | €€€)* untergebracht ist. Einen Einblick in die Natur Kubas bietet das benachbarte *Museo Nacional de Historia Natura (Di–So 10–17 Uhr | Eintritt 3 CUC)*. Dominiert wird der Platz vom 1791 erbauten *Palacio de los Capitanes Generales (tgl. 10–18 Uhr | Eintritt 3 CUC)*, dem früheren Regierungs- und Wohnsitz der Generalkapitäne. Heute ist hier das *Stadtmuseum* mit 25 Sälen untergebracht, einige davon mit kostbarem Mobiliar des 18./19. Jhs. Die Platzmitte rahmen Stände mit antiquarischen Büchern *(Mo–Sa 9–18 Uhr)*. Gen Norden *(C/ O'Reilly)* wird der Platz vom ältesten Kastell Havannas flankiert, dem *Castillo de la Real Fuerza* (1558–77), in dem das INSIDER TIPP *Museo de Navegación (Di–So 9.30–17 Uhr | Eintritt 3 CUC)* in die Zeit

HAVANNA

der Schatzgaleonen entführt. Man sieht ihre Fracht – Silberbarren, Goldscheiben, Münzen –, erhält Einblicke in den Schiffsbau und kann die vor Sehnsucht nach ihrem Mann zur Bronzefigur „erstarrte" Inés de Bobadilla, genannt *La Giraldilla*, aus der Nähe betrachten.

PLAZA DE LA CATEDRAL (U F2) (*f2*)

Der „Innenhof" von Habana Vieja: Touristentreffpunkt, Open-Air-Bühne, Fotokulisse. Blickfang ist die prächtige Kalksteinfassade der *Kathedrale San Cristóbal* (1748 als Jesuitenkirche begonnen). Bis 1898 ruhten hier die Gebeine von Kolumbus. Die Fresken und den Hauptaltar schufen die Italiener Bianchini und Peruvani. Gegenüber der Kathedrale liegt der ehemalige *Palast des Grafen von Bayona* (1720), in dem das *Museo de Arte Colonial (Di–So 9.30–17 Uhr | Eintritt 2 CUC)* kostbares Inventar aus der Kolonialzeit zeigt. Das mit schönen Arkaden verzierte Gebäude mit dem Restaurant *El Patio (Tel. 78 67 10 35 | tgl. 12–23 Uhr, Bar rund um die Uhr | €€)* war der Palast der Grafen von Aguas Claras; im Restaurant gibt es gutes kreolisches Essen, z. B. *pierna de cerdo al jugo*, Saftschweinekeule. Kunstfreunde wird das links der Kathedrale gelegene *Centro de Arte Contemporáneo Wifredo Lam (C/ San Ignacio 22/Ecke Empedrado | Mo–Sa 10–17 Uhr | Eintritt 3 CUC)* interessieren, das die Biennale von Havanna *(www.bienalhabana.cult.cu)* veranstaltet. Benannt ist das Kunstzentrum nach dem kubanischen Künstler Wifredo Lam (1902–82), der in Madrid Kunst studierte, in Paris mit den Surrealisten verkehrte und zeitweise in New York lebte.

PLAZA DE SAN FRANCISCO DE ASÍS (U F4) (*f4*)

Den Platz mit dem Löwenbrunnen aus Marmor flankieren die *Lonja del Comercio* (Handelskammer) und das Kloster *San Francisco de Asís (1608–1738)* mit seinem *Museo de Arte Religioso (Mo–Sa 9–17 Uhr | Eintritt 2 CUC)*. Zur Einkehr bietet sich das feine **INSIDER TIPP** *Café del Oriente (Tel. 78 60 66 86 | Restaurant tgl. 12–24 Uhr | €€€)* an.

PLAZA VIEJA (U F3) (*f3*)

Der einzige Platz Alt-Havannas, der nicht zusammen mit einer Kirche, einer Festung oder einem Regierungsgebäude entstand. Das stattlichste Haus, geschmückt mit einem schmiedeeisernen Balkon, ist die *Casa del Conde de Jaruco* (1768). Im Eckgebäude *Gómez Vila* (1909) befindet sich die *Cámara oscura (tgl. 9–18 Uhr | Eintritt 2 CUC)*, die in Echtzeitprojektion einen Überblick über die Umgebung gibt. Gut isst man in der *Taberna La Muralla (tgl. | Ecke C/ La Muralla | €–€€)*, und abends trifft man sich im *Café el Escorial (tgl. 9–21 Uhr | €–€€)*. In der nahen Calle Oficios 254/Muralla (Richtung Hafen) wird in der *Casa Alejandro Humboldt (Di–So 9–17 Uhr | Eintritt frei)* Kubas „zweiter Entdecker" geehrt; Alexander von Humboldt erforschte Kuba 1800 und 1801.

STADTMAUER/MUSEO CASA NATAL DE JOSÉ MARTÍ (U F4) (*f4*)

Neben dem Hauptbahnhof (1912) ist der größte Überrest der Stadtmauer zu sehen. Gegenüber vom Bahnhof steht das *Geburtshaus José Martís (C/ Leonor Pérez 314 | Di–Sa 9–17 Uhr | Eintritt 1,50 CUC)*, ein dem Leben des Freiheitshelden und Dichters gewidmetes Museum.

ESSEN & TRINKEN

INSIDER TIPP **304 O'REILLY** (U E–F2) (*e–f2*)

Szenetreffpunkt für Taco-Liebhaber und Freunde frischer (Meeresfrüchte-)Kü-

HABANA VIEJA/CENTRO

che wie Ceviche. Gute Cocktails. *Tgl. 12–24 Uhr | O'Reilly 304/zw. Habana/Aguiar | Tel. 05264 47 25 | €–€€*

CASTILLO DE FARNÉS (U E2) (*m e2*)
Den Tisch, an dem Fidel Castro, sein Bruder Raúl und Che Guevara am 9. 1. 1959 aßen, zeigt der Ober gern. Ein Foto erinnert daran. Das Essen ist gut und günstig. *Tgl. 12–24 Uhr | Av. Monserrate 401 | Ecke Obrapía | Tel. 78 67 10 30 | €*

CASTROPOL (U D–E2) (*m d–e2*)
Das schicke Lokal am Malecón ist schon durch seine Lage ein Genuss; hier kann man gut frühstücken. Wie das *Los Nardos (Paseo del Prado 563 | €€–€€€)* wird es von der Sociedad Asturiana geführt. *Tgl. 7–24 Uhr | Malecón 107 | Tel. 78 61 48 64 | €–€€*

DOÑA EUTIMIA (U F2) (*m f2*)
Wirtin Leticias Abad lockt mit deftiger kubanischer Küche wie *ropa vieja* – faserig geschmortem Lammfleisch mit Reis. *Tgl. 12–22 Uhr | Callejón del Chorro 60-C/Plaza de la Catedral | Tel. 78 611 3 32 | €*

INSIDER TIPP ▶ LA GUARIDA
(U C2) (*m c2*)
Seit hier Teile des Films „Fresa y chocolate" („Erdbeer und Schokolade") gedreht wurden, ist dieser *paladar* häufig ausgebucht. Reservieren! *Tgl. 12–16, 19–24 Uhr | C/ Concordia 418 | zw. Gervasio/Escobar | 3. Stock | Tel. 78 66 90 47 | www.laguarida.com | €€€*

INSIDER TIPP ▶ IVAN CHEFS JUSTO
(U E2) (*m e2*)
Privates Restaurant eines Spitzenkochs. Ob Austerncocktail oder Kalebassencreme – schon die Vorspeisen von Ivan sind ein Gedicht. *Tgl. 12–24 Uhr | Aguacate 9 | Ecke Chacón | Tel. 78 63 96 97 | Handy 05343 85 40 | €€–€€€*

LA MONEDA CUBANA (U F2) (*m f2*)
Erfolgreiches Privatrestaurant. Am Abend kann man hier auf der Dachterrasse zur Languste die Kanonenzeremonie am anderen Ufer beobachten. *Tgl. 12–24 Uhr | Empedrado 152 | Tel. 78 61 53 04 | www.lamonedacubana.com | €€*

SAN CRISTÓBAL (U C–D3) (*m c–d3*)
Die Wände übersät mit Originalfotografien vorrevolutionärer (Show-)Stars, das Mobiliar wie vom Trödler: Hier „versüßt" die Atmosphäre eine ohnehin erstklassige Küche. Tipp: Rinderfilet in Pfeffersauce. *Mo–Sa 12–24 Uhr | San Rafael 469 | Tel. 78 67 91 09 | €€*

EINKAUFEN

FERIA DE ARTESANÍA ● (U F4) (*m f4*)
Kenner können auf dem Kunsthandwerksmarkt zwischen viel Kitsch Lohnendes entdecken. *Centro Cultural Antiguos Almacenes de Depósito San José | tgl. 10–18 Uhr*

GALERÍA MANOS (U E2–3) (*m e2–3*)
Der Laden der kubanischen Kunstgewerbekünstler ist die beste Adresse für anspruchsvolle Souvenirjäger. *C/ Obispo 411 | neben dem Souvenirmarkt*

JF JACQUELINE FUMERO ● (U E2) (*m e2*)
Die edel verglaste Boutique (mit Café) der Modedesignerin Jacqueline Fumero ist eine Treffpunkt für Modefans und ein Schaufenster ins neue Havanna. *Compostela 1 | Ecke Cuarteles | tgl. 9–22 Uhr*

INSIDER TIPP ▶ MUSEO DEL CHOCOLATE
(U F3) (*m f3*)
Köstliche Pralinen werden hier direkt vor den Augen der Besucher und Käufer hergestellt. Die Schokolade kommt aus Baracoa. In einer Vitrine sind alte

HAVANNA

Kakaotassen und Zutaten für Schokolade ausgestellt. *C/ Mercaderes 255 | Ecke Amargura*

REAL FÁBRICA DE TABACOS PARTAGÁS
● (U E3) (*e3*)
Die angeblich einzige kubanische Fabrik, die seit ihrer Gründung 1845 ununterbrochen Zigarren produziert – seit ein paar Jahren allerdings nicht mehr im historischen Stammhaus in der *C/ Industria 524*, sondern nahebei in der *Calle San Carlos 816*. Tickets für Besichtigungen gibt es in den Hotels, im Stammhaus erwartet Besucher ein Zigarrenladen.

AM ABEND

LA BODEGUITA DEL MEDIO ●
(U F2) (*f2*)
Die Heimat des *Mojito,* tapeziert mit Fotos zahlloser Fans. Der berühmteste war Hemingway; erfunden haben aber soll den Cocktail der englische Freibeuter Francis Drake im 16. Jh. *C/ Empedrado 207 | Tel. 78 67 13 74 | tgl. 12–0.45 Uhr*

EL FLORIDITA (U E3) (*e3*)
Die Wiege des *Daiquirí*-Cocktails und das Stammlokal von „Papa Hemingway", das ihn auf seinem Lieblingsplatz mit einer Bronzeplastik verewigt hat. *C/ Obispo 557 | Ecke Monserrate | Tel. 78 67 13 00 | tgl. 12–22, Bar bis 24 Uhr | €€–€€€*

HAVANA GOURMET ● (U E2) (*e2*)
Die eigentliche Attraktion erwartet den Gast hier am Abend nach dem erlesenen 3-Gänge-Dinner *(€€€):* Die erstklassige Tanzshow der mitreißenden Havana Queens sollten Sie sich nicht entgehen lassen. *Prado 309 | Ecke Virtudes (Sociedad Cultural Asturiana) | Reservierung: Tel. 0 58 17 87 78 | Show Mi–Sa 21.30 Uhr*

INSIDER TIPP HENKY'S BAR
(U E3) (*e3*)
Der richtige Havanna-Anwärmer: In dem netten Eckbistro gibt's gute Hauscocktails und kleine Speisen (auch deutsche Würstchen!). Fotos und Bücher erinnern an den in Ulm geborenen und

Auf den Spuren von Ernest Hemingway: La Bodeguita del Medio

HABANA VIEJA/CENTRO

in Havanna gestorbenen Schriftsteller Henky Hentschel (1940–2012). *Tgl. 9–21 Uhr | C/ Compostela | Amargura | Tel. 0 52 82 23 90*

ÜBERNACHTEN

CASA AMISTAD (U D3) (m d3)
Schöne, helle Altbauwohnung des deutschen Dokumentarfilmers Jochen Beckmann, zentral und ruhig gelegen, im 2. Stock mit Dachterrasse; für die Gäste sorgen Betty und Ciro, auch Selbstversorgung möglich. *2 Zi. | C/ Amistad 378 | Ecke Barcelona | Tel. 78 60 14 32 | www.casa-amistad.net | €*

CASA COLONIAL CARY Y NILO (U C2) (m c2)
Ruhige und sichere *casa particular* (Privathaus) in der Nähe des Paladars *La Guarida*. *2 Zi. mit Bad und Klimaanlage | C/ Gervasio 216 | zw. Concordia/Virtudes | Tel. 78 62 71 09 | orixl@yahoo.es | caridagf45@yahoo.es | €*

DEAUVILLE (U D2) (m d2)
Renovierungsbedürftiges, mehrstöckiges Staatshotel in bester Lage. Großartige Aussicht von den ☼ oberen Meerblickzimmern; außerdem Pool und Disko. *144 Zi. | C/ Galiano y Malecón | Ecke San Lázaro | Tel. 78 66 88 12 | €€*

FLORIDA (U F2) (m f2)
Im schönen Patio fühlt man sich in alte Zeiten versetzt. Die rauchige **INSIDER TIPP** *Pianobar Magato* (Eintritt 10 CUC) ist ab 22 Uhr Treffpunkt guter Salsatänzer. *25 Zi. | C/ Obispo 252 | Ecke Cuba | Tel. 78 62 41 27 | www.hotelfloridahavana.com | €€€*

LOS FRAILES (U F3) (m f3)
Das Personal in Mönchskutten sorgt in dem früheren Palast des Marquis Don Pedro Claudio Duquesne für eine kontemplative Atmosphäre. *22 Zi. | C/ Teniente Rey 8 | zw. Oficios/Mercaderes | Tel. 78 62 93 83 | www.hotellosfrailescuba.com | €€–€€€*

Die Lobby des Hotels Florida – ein stilvoller Platz zum Relaxen

HAVANNA

PARQUE CENTRAL (U E3) (📖 e3)
Viel Luxus verbirgt sich hinter der Restfassade eines Palasts aus dem 17. Jh.; das Haus ist zentral gelegen und bietet allen Komfort. In der Lobby können auch Besucher WLAN (8 CUC/Std.) nutzen. *279 Zi. | C/ Neptuno | zw. Paseo del Prado/Zulueta | Tel. 78 60 66 27 | www.hotelparquecentral.com | €€€*

RAQUEL (U F3) (📖 f3)
Pompöses Jugendstilhotel jüdischer Herkunft, berühmt für seine Buntglaskuppel und die gute Aussicht von der ● 🌿 Dachterrasse, die einer der schönsten Chill-out-Plätze in der ganzen Altstadt ist. Geräumige Zimmer. *25 Zi. | C/ Amargura 103 | Ecke San Ignacio | www.hotelraquel-cuba.com | €€*

SEVILLA (U E2) (📖 e2)
Schmuckstück der vorletzten Jahrhundertwende, vom eleganten 🌿 Dachgarten schöner Blick über die Altstadt. In der Passage um die Ecke (der Zugang vom Hotel ist meist verschlossen) finden sich alle wichtigen kubanischen Reiseagenturen und Mietwagenbüros. *181 Zi. | C/ Trocadero 55 | zw. Paseo de Martí/Zulueta | Tel. 78 60 85 60 | www.hotelsevillacuba.com | €€€*

TELEFÓNICA (U F3) (📖 f3)
Gepflegte Privatpension im schönsten Winkel der Altstadt, nahe der Plaza Vieja. *3 Zi. | C/ Amargura 110 | zw. Cuba/San Ignácio | Tel. 78 66 27 62 | rodolfoydaysi@yahoo.com | €*

HOSTAL VALENCIA (U F3) (📖 f3)
Die sympathische kleine Herberge besitzt einen gemütlichem Innenhof und nur 12 Zimmer, die aber mit Klimaanlage und Bad ausgestattet sind. *C/ Oficios 53 | Obrapía | Tel. 78 67 10 37 | habaguanexhotels.com | €€*

AUSKUNFT

INFOTUR (U E2) (📖 e2)
Obispo 258 | zw. Bernaza/Villegas | Tel. 7 33 33 33; Obispo/San Ignácio | Tel. 07 8 63 68 84 | www.infotur.cu

MIRAMAR/ VEDADO

(U A1–3) (📖 a1–3) Früher war Vedado wildes Niemandsland: Es diente dem Schutz der Stadt und durfte nicht betreten werden (vedado heißt „verboten"). Anfang des 20. Jhs. entdeckten es die Reichen für ihre Villen und der US-Geldadel für Hotels, Kasinos und Bars. Dazu entstanden wichtige Straßen wie La

LOW BUDG€T

Bequem und günstig kommt man in der Altstadt von Havanna mit den *bici-taxis* (Fahrradtaxis) herum. Eine Fahrt kostet etwa 2–3 CUC.

Sightseeing, so viel man will, für 5 CUC pro Tag: Hop-on-hop-off-Busse fahren auf drei kombinierbaren Touren: Altstadt, Playas del Este *(Abfahrt vis-à-vis des Hotels Inglaterra)* sowie Miramar (Abfahrt Plaza de la Revolución/Haltestelle Altstadtbus).

● Eine Kutschfahrt durch die Altstadt kostet nicht viel, wenn man sich den Spaß und den Preis *(20–30 CUC/Std.)* mit Freunden oder anderen Touristen teilt. Lehnen Sie sich zurück und genießen Sie die Tour mit 2 PS (ab Parque Central).

MIRAMAR/VEDADO

Rampa, Líneo und Calzada und breite Boulevards wie die Avenida de los Presidentes und Paseo. Letzterer führt zur Plaza de la Revolución. An der Calle L auf einem Hügel liegt der Haupteingang zur Universität, kurz „La Colina" genannt. Steinquader mit Straßennummern an den Kreuzungen helfen bei der Orientierung. In der Zeit der Prohibition in den

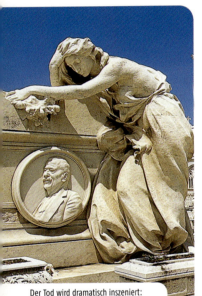

Der Tod wird dramatisch inszeniert: Grabsteine auf dem Cementerio Colón

USA, als sich Vedado in eine sündige Barmeile verwandelte, zog es die Reichen weiter westlich, nach *Miramar*. Dieses Viertel beginnt, wo der Malecón endet. Hauptschlagader ist die prächtigste Straße der Karibik, die ⭐ *Avenida Quinta*. Sie führt in die Welt der repräsentativen Botschafts- und Firmensitze und der herrschaftlichen Häuser alteingesessener Familien bis zu neuen Luxushotels und zur Marina Hemingway.

SEHENSWERTES

CEMENTERIO COLÓN

Unter den rund 53 000 Gräbern dieses bedeutendsten Friedhofs befinden sich u. a. die des Che-Fotografen Alberto „Korda" Gutierrez, des Schriftstellers Alejo Carpentier und des Buena-Vista-Social-Club-Stars Ibrahim Ferrer (1927–2005). Der älteste Friedhofsteil, genutzt bis 1875, ist die unterirdische *Galería de Tobías*, die vom Architekten des Friedhofs, Calixto de Loira, ein Jahr nach der Grundsteinlegung des Friedhofs eingeweiht wurde. *Eingang: Zapata und C/ 12 | tgl. 8–17 Uhr | Eintritt 5 CUC*

MAQUETA DE LA HABANA COLOSAL MINIATURA

Havanna im Maßstab 1:1000. Architekt Mario Coyula verwendete für das 22 × 8 m große Stadtmodell vor allem Zedernholz. *Calle 28, Nr. 113 | zw. 1/3 | Di–Sa 9.30–17 Uhr | Eintritt 3, Foto-/Videoerlaubnis 2 bzw. 5 CUC*

MUSEO COMPAY SEGUNDO

Fotos und Dokumente erzählen in dem Haus, in dem Compay Segundo (1907–2003) lebte, vom Musikerleben des Buena-Vista-Social-Club-Stars. *Calle 22, Nr. 103/Ecke 1ra/3ra | Mo–Fr 10–12, 14–16 Uhr (nach tel. Anmeldung) | Eintritt frei | Tel. 72 06 86 29 | www.compaysegundo.eu*

MUSEO DE LA DANZA

Das Tanzmuseum ist eine Hommage an Alicia Alonso, die Leiterin des kubanischen Nationalballetts und Freundin Fidel Castros. Zu sehen sind Gemälde, Bühnenkleider, Tanzschuhe und Fotos berühmter Tänzerinnen und Tänzer, darunter auch welche des Deutschen Harald Kreutzberg (1902–68). *C/ Línea 365 | Ecke G | Di–Sa 10–18 Uhr | Eintritt 2 CUC*

HAVANNA

MUSEO NACIONAL DE ARTES DECORATIVAS
Kubas üppigstes Beispiel fürstlicher Lebensart vorrevolutionärer Zeit: Die in den 1920er-Jahren für María Gómez Mena, Herzogin von Revilia de Camargo, erbaute Villa beherbergt kostbare Stücke, darunter Sèvres-Porzellan, Chippendale-Möbel und Silberarbeiten von Paul de Lamerie. Den Palast rahmte ein durchdachter Garten: Rechts erblühte es nach Jahreszeiten, links bot der „Nacht"-Garten Kühle. *Calle 17, Nr. 502 | zw. D und E | Di–Sa 11–17, So 9–13 Uhr | Eintritt 3 CUC*

PLAZA DE LA REVOLUCIÓN
(U A5) (*a5*)
Der „Hügel der Katalanen" wird seit 1958 vom 109 m hohen *Memorial a José Martí (Mo–Sa 9.30–17 Uhr | Eintritt 5 CUC)* überragt. Den Platz rahmen repräsentative Gebäude: das *Teatro Nacional* (Ecke Paseo), das Innenministerium (mit Guevara-Bild), das Informationszentrum (mit Cienfuegos-Bild), die Nationalbibliothek, das Verteidigungsministerium, der *Palacio de la Revolución* und das Gebäude des PCC-Zentralkomitees.

ESSEN & TRINKEN

EL ALJIBE
Großes Terrassenlokal neben dem *Dos Gardenias*. Spezialität ist *pollo* (Huhn). *Tgl. 12–24 Uhr | Av. 7a | zw. Calle 24 und 26 | Tel. 72 04 15 83 | €–€€*

INSIDER TIPP ATELIER
Schick tafeln zwischen moderner Kunst. Kreativ ist auch die Küche, wie solche Vorspeisen beweisen: Lachsröllchen mit Käse oder *malangitas* mit Honig (Malanga ist eine Art Kohl, der fein gerieben, mit Ei gemischt und frittiert wird). *Tgl. 12–24 Uhr | C/ 5ta 511 | zw. Paseo/C/ 2 | Tel. 78 36 20 25 | €€*

EL EMPERADOR (U A2) (*a2*)
Havanna liegt Ihnen hier zu Füßen: Das Restaurant (gute internationale Küche) im 33. Stock krönt das weithin sichtbare *Edificio FOCSA* (das höchste der Stadt). Nur für Schwindelfreie: Die Plätze an den bis zum Boden reichenden Fenstern. *Tgl. 12–2 Uhr | C/ 17 | zw. C/ M und N | €€*

HELADERÍA COPPELIA (U A2) (*a2*)
Der durch den Film „Fresa y chocolate" berühmt gewordene berühmte Eispalast von 1966 ist nach wie vor ein beliebter Treffpunkt für Naschmäuler an der Kreuzung La Rampa/Calle L. in Vedado. *Di–So 11–22.30 Uhr*

EL IDILIO
Die guten Fleischgerichte locken viele Gäste ins große Privatrestaurant. *Tgl. 12–12 Uhr | C/ G 351 | Ecke C/ 15 | Tel. 78 30 79 21 | www.idiliocuba.com | €–€€*

PP'S TEPPANYAKI (U A2) (*a2*)
Das im ersten Stock eines Apartmenthauses versteckte private japanische Restaurant erfreut sich einer großen Fangemeinde. *Tgl. 13–23 Uhr | Calle 21, Nr. 104 | zw. C/ L und M (neben dem La Roca) | Tel. 78 36 25 30 | €€–€€€*

EL TOCORORO
In dem exklusiven Meeresfrüchte-Restaurant speiste schon mancher VIP. *Mo–Sa 12–24 Uhr | C/ 18 | Ecke Av. 3ra | Tel. 72 04 22 09 | €€*

FREIZEIT & SPORT

MARINA HEMINGWAY
Der größte Yachthafen Kubas ist ausgerüstet mit allem, was der Segler braucht: Restaurants, Läden, Hotels. Auch Tauch- und Schnorchelausflüge werden angeboten. *5ta Av. 248 | Tel. 72 04 50 88 | www.nauticamarlin.com*

MIRAMAR/VEDADO

Opulente Glamourshow für Touristen: Cabaret Tropicana

AM ABEND

CABARET TROPICANA ⭐
Berühmte Tanzrevue in Glitzerkostümen; hier treten Kubas beste Revuegirls auf. Aus der Taufe gehoben wurde das Revuetheater 1939 vom Künstler Victor de Correa. *C/ 72 4504 | zw. 41/45 | Tel. 72 67 17 17 | tgl. ab 20, Show ab 22 Uhr | Eintritt je nach Gedeck 75, 85 oder 95 CUC | www.cabaret-tropicana.com*

CAFÉ CANTANTE (U A4) (📖 a4)
Die besten Salsa-Livebands heizen hier traditionell ein. Der Eingang zu dem Kellerlokal befindet sich an der Seite des Teatro Nacional. *Av. Paseo | Plaza de la Revolución | Tel. 78 78 42 73 | tgl. 23.30–4 Uhr | Eintritt ab 10 CUC*

CASA DE LA MÚSICA
Konzerte im Haus der Egrem-Musikstudios; ein Muss für Freunde kubanischer Musik ist der dazugehörige Laden. *C/ 20 3308 | Ecke Calle 35 | Tel. 72 04 04 47 | tgl. 17–21 (Disko 23–4) Uhr*

DON CANGREJO
Tagsüber eher biederes Fischrestaurant, abends Bohemetreff mit super Atmosphäre unter freiem Himmel – mit Pool und direkt am Meer. *Av. 1ra | zw. C/ 16 und 18 | Tel. 72 04 50 02*

INSIDER TIPP ▶ FÁBRICA DE ARTE
Das private Kulturzentrum von Rockstar X Alfonso lockt die Avantgarde mit Kunst und Events. Nebenan die angesagte Dachdisko *El Cocinero*. *Do–Sa 20–4, So 20–2 Uhr | C/ 26/Ecke C/ 11 | Vedado*

LA PIRAGUA
Auf der Budenmeile „Paddelboot" locken Musik, Spiel, Spaß und Drinks; an der Stirnseite außerdem das *Gato Tuerto* (tgl. 22–4 Uhr | Mindestverzehr 5 CUC) mit sündigen Boleros. *C/ 0/Malecón*

ÜBERNACHTEN

LA CASA DE MARY
Wer motorisiert ist, wird die Ruhe des Villenviertels in diesem schönen Einfamili-

HAVANNA

enhaus schätzen. Schnell ist man über die Rampa in der Stadt. Liebenswürdige Gastgeber. *1 Zi. mit Bad und AC | C/ 21, Nr. 1417/Ecke C/ 28 | Vedado | Tel. 78 30 19 33 |* €

HABANA RIVIERA ☼ (U A1) (📖 a1)
Hier haben Sie einen herrlichen Meerblick über den Malecón hinweg. Zum Hotel gehört die Salsabar *Copa Room*. *352 Zi. | Av. Malecón | Ecke Paseo | Vedado | Tel. 78 33 40 51 | www.hotelhavanariviera.com |* €€–€€€

NACIONAL DE CUBA ⭐ (U B2) (📖 b2)
Schmiedeeiserne Aufzugsgitter, luxuriöse Speisesäle und Salons: Das 1930 mit Mafiageldern erbaute Nobeletablissement beherbergte vor der Revolution Hollywoodstars wie Errol Flynn, Marlon Brando und Ava Gardner. Im *Cabaret Parisien* wird eine Top-Revue gezeigt. *427 Zi. | C/ O | Ecke 21 | Vedado | Tel. 78 36 35 64 | www.hotelnacionaldecuba.com |* €€€

NH CAPRI LA HABANA (U B2) (📖 b2)
Renoviertes 70er-Jahre-Hotel für Nichtraucher, zentral in Vedado, in den oberen Stockwerken auch fern des Straßenlärms. Zimmer z. T. mit Meerblick. *220 Zi. | C/ 21/zw. N/O | Tel. 78 39 72 00 | www.nh-hotels.de |* €€–€€€

SOL-MELIÁ/TRYP-HOTELS
Anziehungspunkt Nummer eins ist das *Melía Cohiba (462 Zi. | C/ Paseo | zw. Calle 1a/3a | Tel. 7 33 36 36)* mit dem schicken *Habana Café (tgl. 20–2.30 Uhr | tgl. Tanzshow 10 CUC)*. Das Flaggschiff der spanischen Hotelkette, das *Melía Habana (397 Zi. | C/ 3ra | zw. 76/80 | Tel. 72 04 85 00 |* €€€*)*, liegt in Miramar. Auch das ehemalige *Hilton,* das nach dem Sieg der Revolutionäre in *Habana Libre* umbenannt und ihre erste Schaltzentrale wurde, gehört als *Tryp Habana Libre (572 Zi. | C/ L | Ecke C/ 23 | Vedado | Tel. 78 34 61 00 | 7 33 38 04)* zu Meliá; in der Disko *Torquino (tgl. 22.30–3 Uhr)* im 25. Stock **INSIDER TIPP** öffnet sich um Mitternacht das Dach (Dresscode elegant); für alle: *www.meliacuba.com |* €€€

AUSFLÜGE

CUBA REAL TOURS (U E2) (📖 e2)
Auf eigene Faust durch Kuba? Im Büro des Schweizer Veranstalters kann man Mietwagentouren mit vorgebuchten Hotels zusammenstellen, dazu gibt es viele Spezialprogramme. *Av. Paseo 606 | zw. C/ 25 und 27 | Tel. 7 8 34 42 51 | www.cubarealtours.com*

AUSKUNFT

MINTUR
Hauptsitz der kubanischen Touristinformation. *Calle 28, Nr. 303 | zw. 3ra und 5ta Av. | Miramar (Playa) | Tel. 72 04 06 24 | 72 04 66 35 | www.infotur.cu*

HAVANNAS OSTEN UND SÜDEN

Schneller Zubringer zu den östlichen Attraktionen Havannas ist der Tunnel, der seit 1958 die Ufer der Hafenbucht verbindet.

Er mündet in die vierspurige Vía Monumental, die nach der Abfahrt zum Fischerort Cojímar von der Vía Blanca gekreuzt wird. Sie führt zu den *Playas del Este,* den Hausstränden der Hauptstädter, und in entgegen gesetzter Richtung nach Guanabacoa, dem afrokubanischen Zentrum Havannas. Wer von Cojímar ins Hemingway-Museum San Francisco

HAVANNAS OSTEN UND SÜDEN

de Paula will, kehrt zurück auf die Vía Monumental *(nennt sich bald 1er Anillo de la Habana)* und befährt sie weitere 15 km bis zur Abfahrt nach San Francisco de Paula (bzw. Calzada de Guines). Ohne diesen Abstecher aber landet man am Ende in Havannas tiefem Süden: beim Golfclub, dem Flughafen oder dem Erholungsgebiet *Parque Lenín* (s. S. 109) – und kann über die Avenida Independencia in die Innenstadt zurückkehren.

SEHENSWERTES

COJÍMAR (130 A2) (*D2*)

Hübscher Fischerort, in dem Hemingway seine „Pilar" verankert hatte, Freundschaften mit den Fischern pflegte, vor allem mit Gregorio Fuentes (1897–2002), und zu seinem Buch „Der alte Mann und das Meer" inspiriert wurde. Heute genießt man hier familiäre Vorortsatmosphäre, kehrt in Hemingways Lieblingslokal *La Terraza (tgl. 11–23 Uhr | C/ Mart Real 161 | Tel. 7 93 92 32 | €€–€€€)* ein, besucht den Biergarten *Bavaria (Fr–So ab 10 Uhr | C/ 28 | zw. Maceo/Gómez | €)*, das Hemingway-Denkmal am Malecón und freut sich über die kleine Festung *El Torreón* (1649).

MUSEO HEMINGWAY ★ ●

Das Haus liegt in San Francisco de Paula, am Rand Havannas, ca. 20 Autominuten südlich der Altstadt. Möbel, Jagdtrophäen, zahllose Bücher, Fotos, Dokumente und private Erinnerungsstücke – alles blieb fast so, wie es Ernest Hemingway (1899–1961) einst zurückgelassen hat. Die Finca La Vigía hatte der Schriftsteller 1940 erworben. Im Garten sind u. a. der Pool, in dem Ava Gardner nackt badete, der Hundefriedhof und die Yacht „Pilar" zu sehen. *Finca La Vigía | Mo–Sa 10–16, So 9–13 Uhr | Eintritt 3 CUC | www.hemingwaycuba.com*

MUSEO HISTÓRICO DE GUANABACOA ●

Museum zu Santería, Abakuá und der Palo-Monte-Religion. Zeremonielle Gegenstände, u. a. eine Totenkopftrommel. Die Stadtviertel Guanabacoa und Regla liegen einander gegenüber und sind Zentren afrokubanischer Kulte. *C/ Marti 108 | zw. San Antonio/Versalles | Mo, Mi–Sa 10–18, So 9–13 Uhr | Eintritt 2, Führung 1, Foto 5 und Video 25 CUC*

PLAYAS DEL ESTE ★

(130 A–B2) (*E2*)

Sie sind das Lieblings-Wochenendziel von Havannas Bewohnern: die zusammen ca. 60 km langen Strände östlich von Havanna. Der erste, die schmale *Playa Bacuranao*, ist vom Malecón durch den Tunnel und über die Vía Blanca in 20 Minuten erreicht. Der breiteste, die *Playa Santa María*, hat sich zu einem kleinen Touristenzentrum entwickelt. Hoteltipp: *Aparthotel Islazul Las Terrazas (62 Ap. mit TV | Av. de Las Terrazas | zw. C/ 10/Rotonda | Tel. 7 97 13 44 | www.islazul.cu | €–€€)*. Außenposten der Playas del Este ist die *Playa Jibacoa* an der Vía Blanca km 60 mit dem *Superclub Breezes Jibacoa (240 Zi. | Santa Cruz del Norte | Tel. (47) 29 51 22 | www.superclubscuba.com | €€€)*, ein All-inclusive-Resort für Paare, Singles und Familien mit Kindern ab 14 Jahre. Der Strand befindet sich bereits in der neuen Provinz Mayabeque (seit 2011). Rund 20 km weiter steuert die Vía Blanca auf ihren Höhepunkt zu: die 112 m hohe Brücke *Puente Bacunayagua* über das atemberaubend tiefe Valle Yumurí.

FLUGZIEL VON HAVANNA

ISLA DE LA JUVENTUD

(129 D–E 5–6) (*C–D 3–4*)

Schiffswracks, Piratenlegenden und ein gefundener Schatz nähren die Sage,

HAVANNA

Gediegene Gemütlichkeit: das Wohnzimmer des Schriftstellers im Museo Hemingway

bei dem einst Isla de Pinos („Kieferninsel") genannten Eiland handle es sich um die von R. L. Stevenson literarisch verewigte „Schatzinsel". Für Castro war es die Gefängnisinsel. Im *Presidio Modelo (am Weg Nueva Gerona–Playa Bibijagua | Mo–Sa 8–16, So 8–12 Uhr | Eintritt 2 CUC)*, einem Massengefängnis, heute Museum, verbüßte er 1953–55 seine Haft nach dem gescheiterten Sturm auf die Moncada-Kaserne. Später benannte er die Insel in *Isla de la Juventud* („Jugendinsel") um und verwandelte sie in ein Zentrum des Jugendaustauschs. Heute liegen viele Camps brach.

Nueva Gerona (59 000 Ew.) bietet einen Fährhafen, ein paar Restaurants, darunter den beliebten Paladar *El Caney (tgl. 12–22 Uhr | C/ 3ra 401 | zw. C/ 4 und 6 | €)*, etliche *casas particulares* und die Hotels *Rancho del Tesoro (35 Zi. | Ctra. La Fe, km 2,5 | Tel. (46) 32 30 35 | €)* und *Villa Isla de la Juventud (Ctra. La Fe, km 2,5 | 20 Zi., Pool | Tel. (46) 32 32 90 | €)*.

Dazu gibt's zwei sehenswerte Museen: Das *Museo Finca El Abra (Ctra. de Siguanea km 2,5 | Di–Sa 9–16, So 9–12 Uhr)* am Stadtrand, wo sich José Martí 1870 von seiner Haft in Havanna erholte, und das *Museo Municipal (Parque Central | Di–Sa 9–18, So 9–13 Uhr | beide Eintritt 1 CUC)*. Wer baden will, findet im Osten die schwarzsandige *Playa Bibijagua*.

Der schönste Strand liegt 60 km vor der Stadt an der Südküste in einem Naturschutzgebiet, das nur mit Führer oder Genehmigung besucht werden kann. Dort gibt es auch Höhlen mit präkolumbischen Felszeichnungen: die *Cueva de Punta del Este* und *Cueva Finlay*. Ausflüge bietet *Ecotur (C/ 24/esq. C/ 47 | Tel. (46) 32 71 01 | ecoturij@enet.cu)*. Auf Taucher eingestellt ist das Hotel *El Colony (77 Zi. | Ctra. Siguanea, km 42 | Tel. (46) 39 81 81 | www.hotelelcolony.com | €)*. Die 56 Tauchspots verteilen sich um die *Punta Francés*. www.isladelajuventud-cuba.com | www.gerona.inf.cu

DER WESTEN

Abgesehen von wenigen Ausnahmen wie Varadero sind es nicht die Küsten mit ihren Stränden, sondern Gebirge und andere Gebiete, die sich als Ausflugs- oder Urlaubsziele im Westen anbieten. Der Metropole Havanna am nächsten liegt die bis zu 800 m hohe Sierra del Rosario. Sie ist die Heimat so vieler nur auf Kuba vorkommender, seltener Pflanzen- und Tierarten, dass die Unesco sie 1985 zum Biosphärenreservat erklärte.

Wo die Sierra del Rosario in die Sierra de los Órganos übergeht, in San Diego de los Baños, machten Amerikaner schon im 19. Jh. (Kur-)Urlaub, lange, bevor sie in den 1920er-Jahren Varadero als neues Lieblingsziel auserkoren. Die Gebirge sind Auftakt der Tabakprovinz Pinar del Río mit der gleichnamigen Hauptstadt. Die besten Böden und berühmtesten *vegas* (Tabakanbaugebiete) der Zigarrenwelt gesellen sich hier zur größten landschaftlichen Attraktion Kubas, den *Mogotes* genannten Kalkbergen im Valle de Viñales, und einem weiteren Unesco-Biosphärenreservat, dem Guanahacabibes-Nationalpark auf der gleichnamigen Halbinsel am äußersten Westende Kubas. Kaum weniger spannende Ziele bieten sich östlich von Havanna. Die Vía Blanca bringt Sie zu Kubas berühmtestem Badeort: nach Varadero. Und über die Autopista Central erreicht man das größte Sumpfgebiet der Karibik, die Ciénaga de Zapata. Hier finden Krokodile und in den Küstengewässern die seltenen Seekühe ein Schutzgebiet.

Bild: Tabakpflanzer in Pinar del Río

Freuen Sie sich auf Wälder, mächtige Kalkberge, Tabakfelder, urwaldähnliche Sümpfe und den berühmten Strand von Varadero

PINAR DEL RÍO

(128 C4) *(☞ C3)* **Gelegen im Herzen der besten Anbauregionen, ist die wohlhabende Provinzhauptstadt Pinar del Río (190 000 Ew.) die unangefochtene Tabakmetropole Kubas.**

Seit seiner Gründung in 1669 lebt Pinar del Río gut von der nikotinhaltigen Pflanze. Heute werden in der Stadt auch Solarmodule für den Export hergestellt. Tourismus spielt eine untergeordnete Rolle. Den Mangel an Sehenswürdigkeiten macht die Stadt mit Weltoffenheit wett.

SEHENSWERTES

FÁBRICA DE GUAYABITA
Nach alten Rezepten wird hier aus der Guayaba-Frucht ein köstlicher Likör fabriziert und verkauft. *C/ Isabel Rubio 189 | Tel. (48) 75 29 66 | Mo–Fr 9–11.30, Sa/So 9–13 Uhr | Führung 1 CUC*

PINAR DEL RÍO

Am Strand von María la Gorda werden karibische Urlaubsträume wahr

FÁBRICA DE TABACOS FRANCISCO DONATIÉN

Hier können Sie den *tabaqueros* bei der Arbeit zuschauen; im Laden (auch Sa 8.30–13 Uhr geöffnet) können Sie u. a. INSIDER TIPP Zigarren von Robaina, dem berühmtesten kubanischen Familienbetrieb, kaufen. *C/ Maceo 157 | Mo–Fr 9–16 Uhr | Führung 5 CUC*

PALACIO GUASH (MUSEO DE CIENCIAS NATURALES)

Mit dem kuriosen Stilmix am Palacio Guash (1909) verewigte sich als Bauherr der Arzt Francisco Guash Ferrer. Das Museum überrascht mit einer üppigen Sammlung von Muscheln, Schnecken, Motten und Versteinerungen; vor allem aber erfreut es (nicht nur) Kinder mit den fast lebensgroßen Nachbildungen eines Tyrannosaurus Rex und eines Stegosaurus. *C/ Martí 202 | tgl. 9–16.45 Uhr | Eintritt 2 CUC*

ESSEN & TRINKEN

PALADAR EL MESÓN

Das private Restaurant begann 2005 als winziger *paladar*. Die beste Adresse für kubanische Küche ist es geblieben. *Mo–Sa 12–22 Uhr | C/ Martí 205 | zw. Pinares/ Pacheco | Tel. (48) 82 28 67 | €*

RESTAURANT CABARET RUMAYOR

Rustikales staatliches Restaurant. Spezialität des Hauses ist geräuchertes Brathähnchen; Do–So wird dazu um 22 Uhr eine Tanzshow serviert. *Mi–Mo 12–21.30 Uhr | Ctra. Viñales, km 1 | Tel. (48) 76 80 07 | €–€€*

ÜBERNACHTEN

VUELTABAJO

Hübsch mit Werken einheimischer Künstler dekoriertes Hotel im Zentrum. Am INFOTUR-Stand in der Lobby kann man sich Tipps für die Provinz holen. *39 Zi. | C/ Martí 103 | Ecke Rafael Morales | Tel. (48) 75 93 81 | www.islazul.cu | €*

ZIELE IN DER UMGEBUNG

MARÍA LA GORDA (128 B5) (*B3*)

Die 143 km lange Strecke von Pinar del Río in den Süden nach María La Gorda (3 Std., z. T. schlechte Straße) lohnt mehrfach: Zunächst liegt zu Beginn (im Drei-

DER WESTEN

eck zwischen Pinar, San Juan y Martínez und San Luis) das beste Tabakanbaugebiet der Welt, das *Vuelta abajo*. In den Cuchillas de Barbacoa von San Juan y Martínez finden sich berühmte *vegas* (Tabakpflanzungen) wie *Las Vegas de Robaina*, Familienbetrieb seit 1845. Im Süden wölbt sich wie ein hochhackiger Stiefel die Halbinsel Guanahacabibes mit dem Biosphärenreservat um die Bahía de Corrientes. 3 km vom Leuchtturm *Roncali* entfernt, liegt an der Playa las Tumbas das komfortable Gaviota-Hotel INSIDER TIPP *Villa Cabo San Antonio* (16 Bung. | Extensión 204 | Tel. (48) 75 76 76, (48) 75 01 18 | €€) mit Fahrradverleih. Taucher und Badeurlauber zieht es an den Stiefelabsatz nach María la Gorda mit dem Tauchhotel *Villa María La Gorda* (71 Zi. | Tel. (48) 77 81 31 | www.gaviota-grupo.com | €€). Tagesausflüge mit dem Bus werden von Transtur in Pinar del Río angeboten *(35 CUC)*.

SAN DIEGO DE LOS BAÑOS
(129 D3) (*M* C2)
Die ganze Region durchziehen mineralreiche Quellen, die schon im 19. Jh. US-Amerikaner nach Kuba lockten. Die berühmteste sprudelt in diesem Kurort. Im *Balneario* beim Hotel *Mirador (30 Zi. | C/ 23 Final | Tel. (48) 77 83 38 | www.islazul. cu | €)* kann man die Heilkraft des 30–40°C warmen Wassers testen. Im Hotel werden Ausflüge in den Nationalpark *La Güira* und zur INSIDER TIPP *Cueva de los Portales*, Che Guevaras Kommandatur während der Kuba-Krise, angeboten.

SOROA (129 D3) (*M* D2)
Die Attraktion von Soroa, auf halber Strecke zwischen Pinar und Havanna in der Provinz Artemisa gelegen, ist der herrliche *Orchideengarten (tgl. 8.30–16.30 Uhr | Eintritt 3 CUC)*. Über 700 Arten wachsen in diesem tropischen Paradies. Blütezeit ist November bis April. Die Führung dauert 30–45 Minuten. Vom nahen ☀ *Mirador de Venus* bietet sich ein herrlicher Ausblick. Davor führt ein Weg zu dem 22 m hohen Wasserfall *El Salto (tgl. 8–17 Uhr | Eintritt 3 CUC)*. Hotel: *Villa Soroa (80 Zi. | Ctra. Soroa, km 8 | Tel. (47) 52 35 56 | €€)*

MARCO POLO HIGHLIGHTS

★ **Mogotes**
Einzigartige Landschaft mit uralten Kalkstöcken im Valle de Viñales → S. 54

★ **Mansión Xanadú**
So kann man wohnen, wenn Geld keine Rolle spielt → S. 59

★ **Cayo Largo**
Wer reif für die Insel ist, findet hier gleich mehrere → S. 60

★ **Ciénaga de Zapata**
Das größte Sumpfgebiet der Karibik ist ein Paradies für Pflanzen und Tiere → S. 60

VALLE DE VIÑALES

LAS TERRAZAS 🌿 (129 D3) (*C–D2*)
Mit seinem malerisch von Berghängen gerahmten See bietet der Ökotourismuskomplex nahe Soroa (4 km) im Biosphärenreservat der Sierra del Rosario ein idyllisches Bild. Höhepunkt ist das originell der Landschaft angepasste *Hotel Moka (26 Zi. | Autopista 4 | Candelaria–Pinar del Río, km 51 | Tel. (48) 77 86 00 | €€)*. Parkeintritt *(2 CUC)* und geführte Ausflüge im neuen Infozentrum *Puerta de las Delicias (Tel. (47) 77 85 55)*.

VALLE DE VIÑALES

(128 C3) (*B–C2*) **Die Landschaft des 21 600 ha großen Nationalparks im Valle de Viñales (53 km nördl. von Pinar del Río) lockt Besucher aus ganz Kuba an.**
Hier erheben sich aus flacher, roter Erde gigantische, von Grün überzogene Reste jahrmillionenalter Kalkstöcke, von unterirdischen Wassern ausgehöhlt und außen zu weichen Formen erodiert: die berühmten ★ *Mogotes*. Ein Paradies für Naturfreunde, in dem viele endemische Pflanzen und Vögel beheimatet sind. Treffpunkt der Traveller ist der weltoffene kleine Ort *Viñales* (seit 1607) mit seinen vielen *casas particulares* und dem sehenswerten *Museo Municipal* (s. S. 96).

SEHENSWERTES

CUEVA DEL INDIO
Die Höhle durchströmt der Río San Vicente, den man während der Besichtigung mit einem Boot befährt. Wer den abendlichen INSIDER TIPP Ausflug Tausender Fledermäuse aus der Höhle miterleben will, sollte rechtzeitig kurz vor Einbruch der Dunkelheit am Ausgang der Höhle beim *Ranchón campestre* sein. *Tgl. 9–17.30 Uhr | Eintritt 5 CUC*

MURAL DE LA PREHISTORIA
Mit etwas Phantasie fühlt man sich vor dem farbenfrohen Wandgemälde (1961) von Leovigildo González auf der blanken

Moderne Kunst am Kalkberg: das Mural de la Prehistoria

DER WESTEN

Wand des Mogote *Dos Hermanos (tgl. 8.30–18 Uhr | 3 CUC)* wie auf dem Grund eines Urmeeres. Das Restaurant *Mural de la Prehistoria (tgl. | Tel. (48) 97 62 60 | €€)* serviert Schweinebraten mit *arroz moro. Ctra. al Moncada, km 1*

Wanderungen *(3 Std. ab 12 CUC)* zu Fuß oder zu Pferd durch den Nationalpark und für Ausflüge in die 18 km entfernte INSIDERTIPP *Gran Caverna de Santo Tomás*, die drittgrößte Höhle Lateinamerikas. *Ctra. a Pinar del Río, km 22 | Tel. (48) 79 61 44 | tgl. 8–18 Uhr*

ESSEN & TRINKEN

INSIDERTIPP BALCÓN DEL VALLE

Das zurzeit wohl atemberaubendste Restaurant Kubas: erbaut in den Ästen eines Baumes mit Blick auf die Kalkberge. *Tgl. 8–22 Uhr | Ctra. a Viñales, km 23 | 120 m westlich vom Centro de Información | Tel. (48) 69 58 47 | €*

CASA DE DON TOMÁS

Staatliches Restaurant im ältesten und schönsten Haus von Viñales. Lecker: Hauscocktail „Trapiche". Tgl. 10–22 Uhr | *C/ Salvador Cisneros 140 | Tel. (48) 8 93 63 00 | €€*

EL PALENQUE DE CIMARRONES

Das in den Farben der Santería-Gottheiten dekorierte und einer Sklavensiedlung *(palenque)* nachempfundene Restaurant erreicht man von der Snackbar am Eingang durch einen 140 m langen Höhlengang. Es soll an die in der Kolonialzeit in solchen Mogotes-Höhlen untergeschlüpften *cimarrónes* (entlaufene Sklaven) erinnern. Das Restaurant *(Tel. (48) 79 62 90 | €)* ist nur mittags geöffnet, die Snackbar am Höhleneingang tgl. 9–20 Uhr; Sa nach Livekonzerten Disko bis 5 Uhr. *Ctra. a Puerto Esperanza, km 36*

FREIZEIT & SPORT

CENTRO DE VISITANTES

Gutes Informationszentrum für Naturinteressierte. Neben erdgeschichtlichen Infos zur Region (auch Diavorträge in Eng.) bekommt man hier auch Führer für

ÜBERNACHTEN

HOSTAL DE GLORIA

Gäste aus aller Welt fühlen sich bei Señora Gloria wie zu Hause. Sind ihre drei Zimmer (mit Bad) belegt, kann man auf das moderne Hostal ihres Sohnes *(El Bemba)* ausweichen. Fahrradverleih, Ausflüge. *C/ Orlando Nodarse 15 | Tel. (48) 69 54 03 | €*

LOS JAZMÍNES

Die Nummer eins in Viñales, Treffpunkt von Touristen aus aller Welt. Von der Poolterrasse haben Sie einen phantastischen Blick in das Tal der Mogotes. *78 Zi. | Ctra. de Viñales, km 25 | Tel. (48) 79 62 05 | €€*

ZIELE IN DER UMGEBUNG

CAYO JUTÍAS (128 C3) (*M B2*)

Die schöne, kleine, 45 Automin. von Viñales entfernte Badeinsel ist ein beliebtes Wochenendziel der Kubaner. Wer Ruhe sucht, sollte wochentags kommen. Sonnenhütten, Verleih von Schnorchelausrüstung und Restaurant *(tgl. 9–19 Uhr | €). Anfahrt über Santa Lucía*

CAYO LEVISA (128–129 C–D3) (*M C2*)

Die Insel mit dem schönsten Strand liegt ca. 50 km nordöstlich von Viñales und ist nur per Fähre ab Palma Rubia erreichbar *(tgl. 10 Uhr, zurück 17 Uhr | 25 CUC)*. Wer länger bleiben will, übernachtet in der *Villa Cayo Levisa (35 Zi. | Tel. (48) 75 65 01 | www.cubanacan.cu | €€).*

VARADERO

(130 C2) *(**F2)* **Einer der ersten Touristen Varaderos, der chilenische Dichter Pablo Neruda, schwärmte noch vom Zauber „der elektrisch sprühenden Küste", vom „unaufhörlichen Schimmern des Phosphors und des Mondes".**

Heute zählt für die Besucher anderes: Sun & Fun und ein gutes Hotel. Rund 50 All-Inclusive-Hotels säumen einen Strand, der ohnehin ein Klassiker und mit fast 20 km Kubas längster und breitester ist, wobei die östliche Strandzone Touristen vorbehalten ist. An die Anfänge als Salinen- und Fischerdorf erinnert noch die kleine Kirche *Elvira* (1880) in der 1ra Avenida/Calle 47, an den Glanz alter Tage der Josone-Park und der Golfplatz, beides ehemalige Anwesen reicher Bürger. Mit seinem neuen Yachthafen an der Halbinselspitze meldet sich Varadero als exklusives Topziel zurück. Der langgestreckte Ort (27 100 Ew.) liegt 130 km von Havanna entfernt und den USA am nächsten.

SEHENSWERTES

MUSEO MUNICIPAL
Das Obergeschoss der hübschen karibischen *Villa Abreu* (1921) ist zurzeit wegen Einsturzgefahr geschlossen; unten sind u. a. Fotos vom ehemaligen Baseball-Star Fidel Castro zu sehen. Im Garten steht der Namensgeber der Halbinsel: ein Hicaco-Baum. *C/ 59 | Ecke Playa | tgl. 10–19 Uhr | Eintritt 1 CUC*

PARQUE JOSONE
Schöner Erholungspark mit einem künstlich angelegten See, botanischen Kostbarkeiten und Restaurants auf dem ehemaligen Anwesen des Rumbarons José Fermín Iturróz aus Cárdenas und seiner Frau Onelia (in „Josone" stecken die jeweils ersten drei Buchstaben ihrer Vorna-

Auf Kubas Strandhalbinsel Varadero stehen Sun & Fun im Mittelpunkt

DER WESTEN

men). Guten Lobster bekommen Sie im INSIDER TIPP *La Gruta del Vino* (tgl. 15.30–22.30 Uhr | €€). 1a Av. | zw. Calle 56 und 59 | tgl. 9–23 Uhr

RESERVA ECOLÓGICA VARAHICACOS
Die grüne Lunge von Varadero breitet sich über 450 ha zwischen Hotelgärten im Osten der Halbinsel Hicaco aus. Zum Park gehört die *Cueva de Ambrosia* mit Kultzeichen aus präkolumbischer Zeit und von geflüchteten Sklaven. Ein *Centro Visitantes* klärt über Wanderwege auf, u. a. zu den alten Kakteen. *Autopista Sur | Eintritt 3 CUC*

ESSEN & TRINKEN

LAS AMÉRICAS/BAR MIRADOR
Das edel mit Mahagoni ausstaffierte Gourmetrestaurant gehört zu den besten Adressen. Stilvoll beginnt oder endet ein Menü in der *Panoramabar Mirador* im Obergeschoss, von der sich ein phantastischer Rundblick bietet. *Tgl. 12–16, 19–21.30, Bar Mirador 10–23.45 Uhr | Av. Las Américas | Mansión Xanadú | Tel. (45) 66 73 88 | €€€*

KIKE-KCHO
Romantisch auf Stelzen ins Wasser gebautes, elegantes Restaurant in der Marina Gaviota; Langusten gibt's hier frisch aus einem Meeresbassin. *Tgl. 12–23 Uhr | Autopista Sur y Final | Punta Hicacos | Tel. (45) 66 41 15 | €€–€€€*

INSIDER TIPP SALSA SUÁREZ
Paladar mit kleinem Vorgarten, in dem man formvollendet mit ebenso köstlichen wie günstigen Tagesgerichten wie *Eperlán* (frittierte Bällchen von Pargofisch) verwöhnt wird. *Mi–Mo ab 12 Uhr (bis der letzte Gast geht) | C/ 31 103 | zw. 1ra und 3ra Av. | Tel. (45) 52 82 10 33 | €*

INSIDER TIPP WACO'S CLUB
Benannt nach dem kubanischen Olympioniken Roberto Ojeda „Waco", der als Steuermann im Ruder-Doppelzweier 1992 in Barcelona auf den 5. Platz kam, würde das private Restaurant wohl Gold erhalten – so beliebt ist es. Supergute Küche! *Tgl. 15.30–22.30 Uhr | Av. 3ra 212 | zw. C/ 58 und 59 | Tel. (45) 612126 | €–€€*

EINKAUFEN

EINKAUFSZENTREN
Im Untergeschoss des Eispalasts *Coppelia* wurde das *Centro Comercial Hicacos* (Av. 1ra | zw. Calle 44 und 46) eingerichtet. Mehr Auswahl bietet die *Plaza Américas* (Autopista Sur, km 11) mit einigen Markenboutiquen.

SOUVENIRMÄRKTE
Strohhüte, T-Shirts mit Kuba-Motiven, Schmuck und vieles mehr bieten die fünf

VARADERO

Märkte an der Avenida 1ra: *Ecke Calle 12, Ecke Calle 15, Ecke Calle 46, Ecke Calle 47 und Ecke Calle 54.*

TALLER DE CERÁMICAS ARTISTAS
Verkaufsgalerie und Werkstatt kubanischer Keramikkünstler. Gleich daneben die mit Nippes und Kunst gefüllte *Galería de Arte. Av. 1a | C/ 64 | tgl. 9–16 Uhr*

FREIZEIT & SPORT

JEEP- & BOOTSAFARI
Gute Möglichkeit, die Attraktionen der Umgebung mit Spaß und Abenteuer zu kombinieren. Ziele des Tagesausflugs (in den Hotels buchbar): die *Playa Coral* (zum Schnorcheln), die nahe dem Flughafen gelegene *Cueva Saturno*, ein Cenote (ein See, der sich in einer eingestürzten Doline gebildet hat), in dem Sie baden können, und der **INSIDER TIPP** *Río Canímar* (vor Matanzas); dort schippern Sie mit dem Boot zu einer Ranch (Lunch und Reitmöglichkeit).

TANZEN
Wer Salsa, Rumba, Mambo, Danzón und Cha-Cha-Cha von kubanischen Tänzerinnen und Tänzern lernen will, melde sich in der *abc academia baile en cuba (Av. 1ra/C/ 34 | tgl. 9, 11.30, 14.30 und 17.30 Uhr)* an; auch Einzelunterricht *(2 Std./15 CUC).*

TAUCHEN
Gute Tauchlehrer, attraktive Tauchspots (bis zur Playa Girón im Süden): *Cuba Treasures (Av. 1ra/C/ 13 | www.cubatreasures.com)* ist die richtige für Anfänger wie Fortgeschrittene.

VARADERO GOLF CLUB
18-Loch-Platz bei der Mansión Xanadú. *Greenfee 70 CUC (für 18 Löcher) | Tel. (45) 66 73 88 | www.varaderogolfclub.com*

AM ABEND

BAR CALLE 62
Livemusik, Cocktails, leichte Speisen und vor allem die prominente Ecklage in Varaderos kleinem Amüsierviertel haben dieses Lokal zum Treffpunkt Nr. 1 gemacht. *Av. 1ra/C/ 62 | Tel. (45) 66 81 67 | tgl. 8–2 Uhr*

CABARETS
Eine hervorragende Tanzrevue bietet das Hotel *Varadero Internacional (Ctra. Las Américas | Tel. (45) 66 70 38 | www.hotel-varaderointernacional.com | Do–So 21 Uhr | inkl. Abendessen 40, nur Show/Disko 25 CUC).* Konkurrenz erhielt sie vom „Paradies unter Sternen", der großartigen Freiluftarena des *Tropicana Varadero (Autopista Matanzas–Varadero, km 4,5 | Tel. (45) 26 53 86 | Di–So 20.30 Uhr | ab 49 CUC)* bei Matanzas.

MAMBO CLUB
Club für Nostalgiker: Hier spielen kubanische Musiker Hits der 1950er-Jahre. *Ctra. Las Morlas, km 14 | Tel. (45) 66 82 43 | tgl. 22–3 Uhr | Eintritt 10 CUC*

ÜBERNACHTEN

Rund 50 große Hotels (überwiegend All-inclusive) verteilen sich auf der Halbinsel Hicacos von Punta Arenas im Westen bis Punta Francés im Osten. Die exklusivsten Häuser liegen auf dem östlichen Halbinselteil, darunter spanischer Herkunft (im Joint-Venture mit kubanischen Hotelunternehmen): vier Iberostar Resorts (drei davon 5-Sterne-Luxushotels, *www.iberostar.com*) sowie neun Meliá-Resorts *(www.melia.com)*, darunter die 5-Sterne-Hotels *(alle €€€) Meliá Marina (422 Zi. | All-incl.), Paradisus Princesa del Mar (630 Zi. | Ultra All-incl., nur ab 18 J.), Paradisus Varadero (510 Zi. | Ultra All-incl.), Me-*

DER WESTEN

liá Península Varadero (für Familien, Paare), Meliá Las Américas (340 Zi. | ab 18 J.), das Meliá Varadero (490 Zi. | All-incl.) und das Meliá Marina Varadero (549 Zi. | All-incl.). Dazu kommen die beiden 4-Sterne-Resorts Sol Palmeras (608 Zi. | All-incl.), Sol Sirenas Coral (651 Zi. | All-incl.). Daneben sind vertreten: Barceló (www.barcelo.com) mit dem Barceló Solymar Arenas Blancas Resort, Blauhotels (www.blauhotels.com) mit drei Häusern, darunter das exklusive INSIDER TIPP *Blau Privilege Cayo Libertad (ab 18 J.)*, ein Sandals Resort sowie zwei *Superclubs Breezes* (270 bzw. 396 Zi. | www.superclubscuba.com), beides All-incl.-Häuser für Paare, Singles und Familien mit Kindern über 14 J., sowie die beiden Be-Live-Hotels *Las Morlas* (143 Zi.) und *Turquesa* (268 Zi. | www.belivehotels.com).

Hotelgast genießen. Im Preis sind Frühstück und Green Fee für den Golfplatz vor der Tür enthalten. Das Haus ließ sich der amerikanische Großindustrielle DuPont de Nemours in den 1930er-Jahren

Luxushotel mit Golfplatz: Das Mansión Xanadú hat nur sechs exklusive Zimmer

MANSIÓN XANADÚ ★
Marmorbäder mit Jugendstil- und Art-déco-Armaturen, die sich der Erbauer der Villa DuPont leistete, kann man jetzt als Sommerhaus erbauen. *8 Zi. | Av. Las Américas, km 8,5 | Tel. (45) 66 73 88 | www.varaderogolfclub.com | €€€*

MERCURE QUATRO PALMAS
In die hübsch im Kolonialstil erbaute und zentral gelegene Hotelanlage ist die ehemalige Privatvilla des Diktators Bautista integriert. *160 Zi. am Strand und 122 in Reihenbungalows | 1ra Av. | zw. C/ 60 und 64 | Tel. (45) 66 70 40 | www.mercure.com | €€*

INSIDER TIPP VILLA MARGARITA
Die nach der sympathischen Inhaberin benannte *casa particular* liegt schön ruhig und bietet drei Zimmer mit Bad, Klimaanlage und Safe, dazu einen kleinen blühenden Garten. *Calle 22 und 3ra Av. | Tel. (45) 61 42 12 | €*

VARADERO

AUSKUNFT

INFOTUR
Hier gibt's Infomaterial und Tipps. *Tgl. 8–20 Uhr | 1ra Av./C/ 13 | im Hotel Acuazul | Tel. (45) 66 29 66 | www.infotur.cu*

ZIELE IN DER UMGEBUNG

CÁRDENAS (130 C2) (*F2*)
Die 18 km südöstl. von Varadero gelegene Stadt (70 000 Ew.), einst als „Stadt der Kutschen" gerühmt, bietet ungeschminktes kubanisches Flair. Zu sehen gibt's das erste Kolumbusdenkmal der Insel (im Parque Colón) und das **INSIDER TIPP** *Museo Oscar María de Rojas (Plaza San José | Echeverría | Di–Sa 10–18, So 9–12 Uhr | Eintritt 1 CUC, Fotoerlaubnis 5 CUC)*, mit einer Sammlung zu Kultur und Natur.

CAYO LARGO ★ (130 B–C5) (*E–F4*)
Es ist das südlichste einer Reihe von Inselchen zwischen der Halbinsel Zapata und der Isla de la Juventud: das nur 38 km² kleine Cayo Largo *(nur auf dem Luftweg erreichbar, von Varadero als Tagesausflug)*. Viele halten es für den schönsten Platz Kubas, weil hier das karibische Meer so allgegenwärtig ist, der Strand so weiß und so lang wie die ganze Insel: 25 km. Wer eine Sandbank als Sonnenbank vorzieht, setzt zur *Playa Sirena* über. Außerdem starten Schiffe zum Palmenstrand der *Cayo Avalos*, zur Leguaninsel *Cayo Iguana*, zu den Schnorchelparadiesen von *Cayo Rico* und zur Seevogelkolonie *Cayo Pájaro*. Das luxuriöseste Hotel der Insel ist das *Sol Cayo Largo (296 Zi. | Tel. (45) 24 82 60 | www.meliacuba.com | €€€)*. Schön am Rand der Hotelzone gelegen sind die 53 palmgedeckten Strandcabañas des Hotels *Villa Lindamar (Tel. (45) 24 81 11 | €€)*.

CIÉNAGA DE ZAPATA ★
(130 B–C3) (*E–F3*)
Das ökologisch bedeutendste Feuchtgebiet Kubas erstreckt sich über die gleichnamige Halbinsel und ist von Flüssen und Lagunen durchzogen. Mit seiner dichten Mangrovenvegetation bietet es seltenen

---

LOW BUDGET

Den ganzen Tag für nur 5 CUC alle Hotels und Strände von Varadero abklappern, das kann man mit den *Hop-on-hop-off*-Bussen. Und nur 10 CUC kostet das Tagesticket Matanzas–Varadero.

Keine Angst vor Internetbuchungen: Wer günstig in All-inclusive-Hotels unterkommen will, muss deren Websites oder die großen Reisebuchungsportale *(z. B. www.cubahotelreservation.com | www.Ltur.de)* auf Sonderangebote durchforsten, denn die gibt's nur im Netz!

DER WESTEN

La Boca an der Laguna del Tesoro ist das Tor zum Feuchtgebiet Ciénaga de Zapata

Wasservögeln und -pflanzen den Lebensraum. Das Tor zu diesem riesigen Gebiet ist *La Boca* an der *Laguna del Tesoro*. Man kann eine *Krokodilzuchtstation (tgl. 9.30–17 Uhr | Eintritt 5 CUC)* besichtigen und das Fleisch der für Schlachtzwecke gehaltenen Tiere probieren. Hauptziel der Bootsausflüge ab La Boca ist das Indianerdorf *Guamá* (s. S. 110).

GIRÓN/BAHÍA DE COCHINAS
(130 C3–4) (*F3*)
Tief im Süden der Provinz Matanzas, zu der auch Varadero gehört, schneidet sich die berühmte *Bahía de Cochinas* (Schweinebucht) tief ins Land, flankiert von der Ciénaga de Zapata und zur Karibikküste hin gesäumt von der wilden *Playa Girón* mit dem Dorf *Girón*. Hier landeten 1961 von Exilkubanern angeheuerte Söldner, um Kuba vom Kommunismus zu befreien. An die gescheiterte Invasion erinnern das *Museo de la Intervención (tgl. 8–17 Uhr | Eintritt 2 CUC)* und 48 Steindenkmäler für die Gefallenen. Hotel: *Playa Girón (287 Zi. | Tel. (45) 98 4110 | €)*. Kristallklar ist das Wasser in den Felsbecken von INSIDER TIPP *Caleta Buena (tgl. 10–17 Uhr | 15 CUC inkl. Getränke und Essen)*, 8 km östl. von Playa Girón.

MATANZAS (130 B2) (*E–F2*)
Der Anblick der geschwungenen, schönen Bucht von Matanzas, 30 km westl. von Varadero, nimmt den Besucher schnell für die Hauptstadt (643 000 Ew.) der gleichnamigen Provinz ein. Der ehemalige Zuckerhafen prunkt im Zentrum mit alten Palästen wie dem *Palacio del Junco*, in dem das *Museo Histórico Provincial (Provinzmuseum | C/ Milanés | zw. C/ 272 und 274 | Di–Sa 9.30–14, 13–17, So 9–12 Uhr | Eintritt 2 CUC)* Dokumentationen zu allen Epochen zeigt. Schräg gegenüber zeugt das *Teatro Sauto (Plaza de Vigía)* von 1863 vom Kunstsinn der Zuckerbarone. Die Calle 83 führt zur alten Apotheke *Triolet,* heute das *Museo Farmacéutico (C/ 83 Nr. 4951 | Mo–Sa 9–18, So 10–14 Uhr | Eintritt 3 CUC)*, ein Muss für Nostalgiefans. Attraktionen vor der Stadt sind die *Cuevas de Bellamar* (s. S. 110), der *Río Canimar (Bootsfahrten ab 30 CUC)* und die benachbarte *Tropicana-Freiluftbühne (Kartenverkauf in den Hotels von Varadero)*.

DIE MITTE

Das Herz Kubas liegt wie ein Puffer zwischen dem kosmopolitischen Havanna im Westen und dem karibischen Santiago im Osten: ruhig, ländlich, im Süden gar behäbig und bodenständig mit dem Escambray-Mittelgebirge. Im nahen Santa Clara verhalf Che Guevara mit seiner erfolgreichen Offensive einst der Revolution zum Sieg.

Stauseen verleihen der Berglandschaft einen Hauch Schwermut, der sich an der Südküste aber schnell auflöst. Cienfuegos, der alte Zuckerhafen des Südens, glänzt mit einem aufpolierten Zentrum und pulsierendem Leben. Nur eine Autostunde weiter südlich erhebt sich auf einem Hügel das koloniale Kleinod Trinidad mit Kirchen und Wohnpalästen, die vom verblichenen Glanz des Zuckerbooms zu Anfang des 19. Jhs. erzählen. Und Camagüey, die „goldene Mitte" und drittgrößte Stadt Kubas, besticht mit einer lebendigen Mischung aus Vergangenheit und Gegenwartskultur.

Der Tourismus hat seine Domäne hoch im Norden Kubas, wo sich der lang gestreckte Archipiélago de Camagüey vor die Küste legt, der durch zwei Landbrücken mit der Mutterinsel verbunden ist. Hier haben sich Cayo Coco und Cayo Guillermo, zu Ehren des spanischen Königs einst „Jardines del Rey" genannt, und die Cayería del Norte mit den Cayos Santa María, Las Brujas und Ensenacho zu Top-Urlaubszielen entwickelt. Am östlichen Ende der „Jardines del Rey" liegt Playa Santa Lucía, ein vor allem bei Tauchern beliebtes Ferienziel.

Bild: Playa Ancón bei Trinidad

Cayos und Koloniales: hier Naturerlebnis und Wassersport, dort anregender Bummel auf historischem Altstadtpflaster

CAMAGÜEY

(133 D3) (*K4*) **Seit der historische Kern der Stadt (300 000 Ew.) 2008 von der Unesco zum Welterbe erklärt wurde, hat sich Camagüey in eine selbstbewusste Schöne mit Kolonialhäusern, Läden, Bars und Restaurants verwandelt.** Ihr Wahrzeichen sind die *tinajones*, große Tonkrüge, in denen die Reichen zur Regenzeit Wasser sammelten. Diego Velázquez gründete die Stadt 1514 unter dem

> **WOHIN ZUERST?**
> **Plaza de los Trabajadores**: Der Name „Platz der Arbeit" führt in die Irre. Hier schlägt zwar Camagüeys Herz, aber das ist kreativ und lebenslustig. Große Kunst gleich in der Casa de Cultura (blaues Gebäude), kleine Stände und Geschäfte in der nahen Calle Maceo. Sie mündet in die República, wo alle wichtigen Agenturen zu finden sind.

CAMAGÜEY

Namen Santa María Puerto Príncipe an der Küste. 1516 wurde sie ans Ufer des Río Caonao und 1528 ins Landesinnere verlegt. 1923 erhielt sie den heutigen Namen nach dem Kaziken Camagüebax. Die Stadt ist berühmt für ihr kulturelles Leben. Sie ist Heimat des Dichters Nicolás Guillén (1902–89) und des Freiheitskämpfers Ignacio Agramonte (1841–73). www.siturcamaguey.cu

Das Reiterstandbild in Camagüey erinnert an den Freiheitskämpfer Ignacio Agramonte

SEHENSWERTES

MAQUETA DE LA CIUDAD
Am Modell erkennt man schön die hohe Anzahl der Kirchen in der Stadt. *C/ Independencia/Gómez | Mo–Sa 9–21, So 9–12 Uhr | Eintritt 1 CUC*

MUSEO CASA NATAL DE IGNACIO AGRAMONTE
Museum im Geburtshaus des Nationalhelden Agramonte (1841–73); er fiel im ersten Unabhängigkeitskrieg. *Av. Agramonte 459 | Mo–Sa 9–16.45, Sa bis 14.30 Uhr | Eintritt 2 CUC*

PLAZA DEL CARMEN
Schöner Platz mit der Iglesia de Nuestra Señora del Carmen (1825) und „schwatzenden" Bronzefrauen von Martha Jiménez. Zur Einkehr lädt *El Ovejito (tgl. 12–24 Uhr | Tel. (32) 24 24 98 | €–€€)*; Spezialität, dem Namen („Das Lämmchen") entsprechend: Lamm. *Herm. Agüero | zw. C/ Homda/Carmen*

PLAZA SAN JUAN DE DIOS
Den schönen Kolonialplatz rahmen alte Kaufmannshäuser mit Restaurants und der INSIDER TIPP Galerie des Künstlerpaares Joel Jover und Ileana Sánchez (conojodegato.blogspot.com) sowie das *Antiguo Hospital de Dios*, ein altes Krankenhaus (1728), jetzt *Museum für Kolonialarchitektur (Di–Sa 9–17, So 9–13 Uhr | Eintritt 1 CUC)*, das vom Mirador einen tollen Blick bietet.

DIE MITTE

ESSEN & TRINKEN

CAFÉ CIUDAD
Angesagtes Café an der ehemaligen Plaza de Armas, heute Plaza Agramonte; gute Sandwiches, kühle Cocktails. *Tgl. 9–23 Uhr | Plaza Agramonte/Cisneros | Tel. (32) 25 84 12 | €–€€*

INSIDER TIPP ▶ CASA AUSTRIA/CAFÉ SISSI
Zuckerbäcker und Jurist Sepp (aus dem Salzburger Land) lockt mit süßen Sissi- und Mozart-Reminiszenzen, Wiener Schnitzel und Gulasch. Zur Casa gehören auch drei komfortable Zimmer *(€). Tgl. 7.30–23.30 Uhr | C/ Lugareño 121/ zw. San Rafael/San Clemente | Tel. (32) 28 55 80 | €–€€*

AM ABEND

NOCHE CAMAGÜEYANA ●
Unter diesem Motto wird jeden Samstagabend zwischen der Calle Maceo und der Calle República zu Livemusik ausgelassen getanzt und getrunken.

TEATRO PRINCIPAL
Erbaut 1850, dient das schön restaurierte Theater als Kulisse für sehenswerte Aufführungen, z. B. des lokalen Balletts. *C/ Padre Valencia | Tel. (32) 29 21 64*

ÜBERNACHTEN

COLÓN
Nostalgie pur: von der Bar in der Lobby bis zum Mobiliar und den komfortablen 47 Zimmern; Ersteröffnung war 1926. *Av. República 472 | zw. San José/San Martín | Tel. (32) 25 48 78 | www.islazul.cu | €–€€*

GRAN HOTEL
Zentraler und besser kann man in Camagüey nicht wohnen: Das 1939 erbaute Hotel bietet zum guten Restaurant auch einen Pool und eine Dachterrasse. *72 Zi. | C/ Maceo 67 | Tel. (32) 29 20 93 | €€*

PUCHY
Zentral, aber ruhig gelegene *casa particular* mit bewachtem Parkplatz. *2 Zi. | C/ San Antonio 70 | zw. C/ Martí und Agüero | Tel. (32) 29 33 17 | €*

ZIEL IN DER UMGEBUNG

PLAYA SANTA LUCÍA
(133 F3) (*L–M4*)
Ein schöner langer Strand (21 km), davor ein paar Resorts und im Rücken eine Lagune mit Flamingos – das ist Playa Santa Lucía (110 km von Camagüey). Urwüchsig karibisch wird das kleine Ferienzentrum am Ende: eine Sandpiste führt da zum Fischerdorf *La Boca,* einem beliebten Wochenendziel der Kubaner. Am Eingang des Dorfes und direkt am Wasser liegt das bei Individualisten begehr-

---

MARCO POLO HIGHLIGHTS

★ **Cayo Coco**
Eine wilde Insel und Traumhotels → S. 68

★ **Museo Memorial del Ernesto Che Guevara**
Pilgerstätte für alle Fans des unvergessenen Revolutionärs in Santa Clara → S. 70

★ **Palacio de Valle**
Hausbesichtigung und Langustengenuss zwischen maurischen Mosaiken in Cienfuegos → S. 66

★ **Trinidad**
Schöner Blick vom Turm des Stadtmuseums über Kubas „Rothenburg" → S. 72

CIENFUEGOS

te **INSIDER TIPP** *Hostal Coco Beach (3 Zi. | Haus 6 | Tel. (32) 52 48 93 59 | €)* und in Spaziernähe der traumhafte Palmenstrand *Playa de los Cocos* und seine Ausflugsrestaurants. Taucher begeistern vorgelagerte Riffe und (Nov.–März) **INSIDER TIPP** an Fütterungen gewöhnte Haie. Die Tauchbasis *Marlin Santa Lucía* *(Tel. (32) 36 51 82 | www.nauticamarlin.com)* befindet sich gleich neben dem Ferienresort *Be Live Brisas Santa Lucía (400 Zi. | Tel. (32) 33 61 40 | www.belivehotels.com | €€–€€€)*.

Prachtvoll: Palacio de Valle in Cienfuegos

CIENFUEGOS

(131 D4) (G3) **Cienfuegos, die „Perle des Südens" empfängt Besucher mit der Weltoffenheit einer Hafenstadt, dem Selbstbewusstsein eines Industriezentrums und einer Prise französischen Flairs, das Siedler aus der französischen Kolonie Louisiana mitbrachten.**

Die Provinzhauptstadt (140 000 Ew.) liegt in einer tiefen, ab 1745 durch das *Castillo de Jagua* geschützten Bucht. 1819 gegründet, stieg sie ab Mitte des 19. Jhs. durch den Anschluss an das kubanische Bahnnetz zum wichtigsten Zuckerhafen des Südens auf. Ihr ehemaliger Reichtum spiegelt sich in den Villen auf der Halbinsel Punta Gorda und dem Boulevard Paseo El Prado. Die Unesco erhob das historische Zentrum 2004 zum Welterbe. Ein lohnendes Ausflugsziel für Naturfreunde ist der Wasserfall *El Nicho* im nahen Escambray-Gebirge.

SEHENSWERTES

PALACIO DE VALLE ★

Gotik, napoleonische Neoklassik und maurische Elemente mischen sich in dieser 1913–17 für den aus Asturien stammenden Zuckerbaron Acisclo del Valle Blanco erbauten Prachtvilla. Grandioser Blick von der Dachterrasse *(Bar Mirador tgl. 12–22 Uhr)*. Der Palacio gehört heute zum *Hotel Jagua (149 Zi. | C/ 37 Nr. 1 | Punta Gorda | Tel. (43) 55 10 03 | €€–€€€)*, so auch sein Restaurant im EG *(tgl. 12–22 Uhr | €€–€€€)*. Hausbesichtigung 2 CUC (inkl. Cocktail)

DIE MITTE

PARQUE MARTÍ
Großzügig angelegter Park mit Musikpavillon, drumherum stehen restaurierte Prachthäuser: das klassizistische *Teatro Tomás Terry* (1890), der *Palacio Ferrer* mit ✿ Aussichtsturm, das *Museo Provincial (Di–Sa 10–18 Uhr | Eintritt 2 CUC)* zur Stadtgeschichte sowie die *Kathedrale* (1833–69).

ESSEN & TRINKEN

CLUB CIENFUEGOS ✿
Terrasse mit tollem Blick auf die Bucht, internationale Küche: eine exklusive Adresse. *Tgl. 9–3 Uhr | C/ 37 | zw. Calle 8 und 12 | Punta Gorda | Tel. (43) 512891 | €€€*

INSIDER TIPP FINCA DEL MAR ✿
Angesagte Adresse für Anspruchsvolle mit Blick auf die Bucht und Plätzen drinnen, auf der Terrasse oder unter Bananenstauden im Garten. Omar sorgt in der Küche für Spitzenleistungen. *Tgl. 12–24 Uhr | C/ 35 | zw. C/ 18 und 20 | Punta Gorda | Tel. (43) 526598 | €€–€€€*

AM ABEND

CLUB EL BENNY
Beliebte Disko-Bar im historischen Zentrum mit Livemusik. *Av. 54 | Fußgängerzone, zw. C/ 29 und 31 | Tel. (43) 551105 | tgl. 22–1 Uhr | Shows 5 CUC*

ÜBERNACHTEN

INSIDER TIPP HOSTAL BAHÍA ✿
Wohnen mit Blick auf die Bucht – das ermöglichen ihren Gästen Diana und Omar mit ihrer schönen *casa particular*. Das Haus zieren Werke eines kubanischen Künstlers. Und Omar erweist sich als ehrgeiziger Koch. *2 Zi. (mit Bad, Safe) | Av. 20 Nr. 3502 | Ecke 35 | Altos | hostalbahia@yahoo.es | €*

PALACIO AZUL
Das „blaue Schloss" neben dem Yachtclub am Hafen bietet geräumige Zimmer mit Sat-TV und Safe, ein gutes Restaurant und eine Bar. *7 Zi. | C/ 37 Nr. 1201 | zw. C/ 12 und 14 | Tel. (43) 555829 | www.cubanacan.cu | €€*

LA UNIÓN
Das beste Stadthotel von Cienfuegos liegt nahe zum Bulevar, zum Parque Martí und zum Prado *(Calle 37)*. Elegante Zimmer, Pool im Innenhof und eine beliebte Bar auf dem Dach. *49 Zi. | C/ 31/Av. 54 | Tel. (43) 551020 | www.hotellaunion-cuba.com | €€*

ZIELE IN DER UMGEBUNG

JARDÍN BOTÁNICO (131 D–E4) (*M G3*)
Exotische Vielfalt und Pflanzenpracht: 280 Palmen-, 23 Bambusarten, insgesamt rund 2000 einheimische und aus-

LOW BUDGET

Schnäppchen machen können Souvenirjäger Di–So 8–17 Uhr auf dem Kunstgewerbemarkt auf der *Plaza San Juan de Dios* in Camagüey.

● Auf der großen Treppe zur *Casa de Música (C/ Juan Manuel Márquez)* neben der *Iglesia Parroquial de la Santísima Trinidad* in Trinidad gibt es jeden Vormittag ab 10 Uhr kostenlos Livemusik; Show ab 22 Uhr.

Für nur 5 CUC kann man den ganzen Tag zwischen 9 und 19 Uhr die *Hop-on-hop-off*-Pendelbusse zwischen Trinidad und der schönen Playa Ancón nutzen.

JARDINES DEL REY

ländische Pflanzen sind in dem 1901 von dem US-amerikanischen Zuckerbaron Edwin F. Atkins in Kooperation mit der University of Harvard gegründeten botanischen Garten zu sehen. *Ctra. a Trinidad Central Pepito Tey | Mo–Sa 9.30–17.30 Uhr | Eintritt 2,50 CUC*

PLAYA RANCHO LUNA (131 D4) (*G3*)
Weißer, teils etwas grobkörniger, langer Sandstrand zwischen den Hotels *Club Amigo Rancho Luna (222 Zi. | Tel. (43) 54 80 12 | €€)* und dem etwas ruhigeren *Faro Luna (46 Zi. | Tel. (43) 54 80 20 | www.gran-caribe.cu | €€)*, beide an der Carretera Pasacaballo, rund 14 km südöstlich der Stadt. Vor dem Hotel Faro gibt es ein paar Privatpensionen; der Strand ist öffentlich.

JARDINES DEL REY

(132–133 C–D1) (*J–K 2–3*) **Wer nicht gleich auf dem Internationalen Flughafen von Cayo Coco landet, erreicht diese mittlere Inselgruppe des Archipiélago Sabana-Camagüey mit dem Auto via Morón über einen 17 km langen Damm (pedraplén).**

An der Schranke am Verbindungsdamm werden 2 CUC Gebühr fällig (für die Rückfahrt dann noch einmal), außerdem muss man sich mit seinem Pass ausweisen können. Die 364 km² große Hauptinsel ist ★ *Cayo Coco*; hier befinden sich auch die meisten Hotels. Brücken und Dämme verbinden sie im Osten mit den nicht erschlossenen *Cayos Romano* und *Paredón Grande* sowie im Westen mit dem *Cayo Guillermo* (13 km²). Den Namen *Jardines del Rey* („Gärten des Königs") soll Diego de Velázquez der Inselgruppe gegeben haben. Heute gehört die Inselgruppe zum Buenavista-Biosphärenreservat. Abseits der Hotels geben Mangrovenhaine und Strauchwälder 360 Pflanzenarten und 200 endemischen Tierarten Lebensraum, darunter dem weißen Ibis oder *Coco*, wie die Kubaner ihn nennen (daher der Inselname *Cayo Coco*).

SEHENSWERTES

DELFINARIO
Geschultes Personal ermöglicht Touristen in diesem Meereswasserbassin das vorsichtige Schwimmen mit Delfinen – ein Erlebnis! *Cayo Guillermo | Tel. (33) 30 15 29 | tgl. 10–17 Uhr | Erw. 110 CUC, Kinder 60 CUC*

Endlose Strandweiten auf Cayo Coco

DIE MITTE

ESSEN & TRINKEN

SITIO LA GÜIRA
So lebten die Menschen früher auf den Inseln: als Köhler in Hütten, mit Hühnern und Schweinen. In den Restaurants der rekonstruierten Siedlung bekommt man deftige kubanische Speisen. Es werden auch **INSIDER TIPP** einfache Cabañas *(25 CUC/Nacht)* vermietet. *Tgl. 9–23 Uhr | Cayo Coco | Ctra. a Cayo Guillermo, km 10 | Tel. (33) 30 12 08 | €*

SPORT & STRÄNDE

Alle größeren Hotels haben Tauch- und Schnorchelangebote und bieten Ausflüge, z. B. mit dem Katamaran zu Nachbarinseln oder „Jungle-Trips" durch die Mangrovenwälder. Von den neun Stränden auf Cayo Coco und den dreien auf Cayo Guillermo ist **INSIDER TIPP** *Playa Pilar* auf Cayo Guillermo der schönste. Katamarane bringen Sie zum *Cayo Media Luna* oder zu einem Schnorcheltrip am Riff. Im Restaurant *(tgl. 9–17 Uhr | €–€€)* gibt es u. a. Languste für 15 CUC.

ÜBERNACHTEN

Mit sechs Häusern zahlreich sind die Meliá-Resorts *(www.meliacuba.com)*. Konkurrent Iberostar *(www.iberostar.com)* betreibt auf Cayo Coco das *Iberostar Cayo Coco (338 Suiten | Tel. (33) 30 10 70)* mit Spa und Kinderclub und das an einer Lagune erbaute *Iberostar Mojito (352 Zi. | Tel. (33) 30 14 70)* sowie auf Cayo Guillermo das *Iberostar Daiquirí (312 Zi. | Tel. (33) 30 16 50 | www.iberostar.com)* mit großem Sportangebot. Das erste Hotel auf Cayo Coco (von 1993) ist das runderneuerte *Cubanacán Colonial (458 Zi. | Tel. (33) 30 13 11 | www.cubanacan.cu)*. Jüngstes Resort auf Cayo Coco ist das 5-Sterne-Haus *Memories Flamenco (624 Zi. | Tel. (33) 30 41 00 | www.memoriesresorts.com)*. Alle Hotels sind All-inclusive-Resorts *(€€€)* und preiswerter bei Veranstaltern oder im Internet zu buchen – am günstigsten ist **INSIDER TIPP** *Allegro Club Cayo Guillermo (280 Zi. | Tel. (33) 30 17 12 | www.cayoguillermocuba.net | €)*.

ZIELE IN DER UMGEBUNG

CIEGO DE ÁVILA (132 C2) (*M J3–4*)
Die Provinzhauptstadt (127 000 Ew.) wurde nach dem ersten Grundbesitzer der Region benannt. Wer sich ihr über die Carretera Central nähert und weiter nach Morón und Cayo Coco oder Guillermo will, nimmt im ersten Kreisverkehr die Umgehungsstraße und kommt so auch zum Staatshotel *Ciego de Ávila (70 Zi. | Restaurant, Bar, Pool, Disko | Ctra. Ceballo | Tel. (33) 22 80 13 | €€)*. Geradeaus führt die Carretera Central durch die Innenstadt; zur Einkehr lädt hier das *Don Ávila (tgl. 11–23 Uhr | Marcial Gómez/Ecke Libertad | kein Tel. | €)* ein.

MORÓN (132 C2) (*M J3*)
Umgeben von Zuckerfeldern und Lagunen, ist der 59 km südlich von Cayo Coco gelegene Ort eine Landoase. Eine Hahnenskulptur erinnert an die andalusi-

SANTA CLARA

Revolutionäre Heldenverehrung: das Memorial del Ernesto Che Guevara in Santa Clara

sche Herkunft der ersten Siedler. Schönes Bahnhofsgebäude (1923), gute *casas particulares*, z. B. die *Casa Colonial Carmen (C/ General Peraza 38 | zw. Felipe/Céspedes | Tel. (33) 50 54 53 | casa carmen.cubarentaroom.com | €)*.

SANTA CLARA

(132 A1) (*H3*) **Die selbstbewusste Provinzmetropole (238 000 Ew.), gegründet 1691 von Bürgern aus dem nahen Remedios, ist das Zentrum einer Tabak- und Zuckerregion.**

Seit Menschen aus aller Welt zu dem am Stadtrand errichteten Denkmal für Che Guevara pilgern, entwickelte sich *Santa Clara* zum Touristenmagneten. Außerdem wurde die Stadt das Tor zu den neuen Ferienresorts auf der im Norden vorgelagerten *Cayería del Norte* mit den *Cayos Las Brujas, Ensenachos* und *Santa María,* die man über einen 48 km langen Damm *(eine Strecke 2 CUC, Pass nicht vergessen)* erreicht.

SEHENSWERTES

MONUMENTO A LA TOMA Y ACCIÓN DEL TREN BLINDADO ●

Zu besichtigen sind Originalwaggons jenes gepanzerten Zuges, den die Rebellen auf Befehl Che Guevaras am 29. Dezember 1958 entgleisen ließen, um dann die eingeschlossenen Soldaten des Diktators Bautista zur Aufgabe zu zwingen. *Av. de Liberación/C/ Camajuani | Di–Sa 17.30 Uhr | Eintritt 1 CUC*

MUSEO MEMORIAL DEL ERNESTO CHE GUEVARA ★ ●

Erbaut wurde das Memorial 1988 anlässlich des 30. Jahrestags von Che Guevaras Sieg über die Bautista-Truppen in dieser Stadt. Seit 1997 sind hier auch die aus Bolivien überführten sterblichen Überreste des Revolutionärs zur letzten Ruhe gebettet. In der Ausstellung sind u. a. sein Abschiedsbrief und der Pass, mit dem er in Bolivien einreiste, zu sehen. *Av. de los Defiles/Circunvalación | Di–So 9.30–17 Uhr | Eintritt frei*

DIE MITTE

ESSEN & TRINKEN

CASA DEL GOBERNADOR
Das schöne Kolonialhaus, Schmuckstück des Boulevards (Fußgängerzone), ist wieder das beste Restaurant am Platz. Große Auswahl, Reservierung empfohlen. *Tgl. 8–22.45 Uhr | C/ Independencia/Ecke Zayas | Tel. (42) 20 22 73 | €–€€*

ÜBERNACHTEN

LA CASA DE ERNESTO Y MIREYA
Die Zimmer dieser *casa particular* liegen ruhig im ersten Stock eines gepflegten Wohnhauses. Üppiges Frühstück! *2 Zi. | C/ Cuba 227 (altos) | zw. C/ Síndico/Pastora | Tel. (42) 27 35 01 | €*

LOS CANEYES
Wer gern naturnah vor der Stadt wohnt: Das in indianischer Bauweise gehaltene Resort bietet Pool, Bar und Disko. *95 Zi. mit TV, Bungalows | Av. de los Eucaliptos | Tel. (42) 21 81 40 | €€*

ZIELE IN DER UMGEBUNG

CAYO LAS BRUJAS (132 B1) (*J2–3*)
Namentlich erinnert die „Hexeninsel" an eine Legende um zwei unglücklich Verliebte. Heute lieben Pärchen das in einem wilden Garten gebettete Hotel *Villa Las Brujas (23 Zi. | Zufahrt beim Flughafen links | Tel. (42) 35 00 24 | €€)* an einem herrlichen Strand. **INSIDER TIPP** Tagesgäste zahlen 15 CUC und können im Hotelrestaurant einkehren.

CAYO ENSENACHOS (132 B1) (*J2–3*)
An Brücke 39 des Damms sind die Naturbassins des *Delfinario (Eintritt 3 CUC, Schwimmen mit Delfinen 75 CUC)* schon zu sehen; drei Brücken weiter liegt die Cayo Ensenachos, das für die Gäste des 5-Sterne-Resorts *Iberostar Ensenachos (506 Zi. | www.iberostar.com | €€€)* reserviert ist. Die ● Wellnessanlagen (auch Massagen und Anwendungen) erfüllen höchste Ansprüche.

CAYO SANTA MARÍA (132 C1) (*J3*)
Die 13 km lange und 2 km breite Insel legt sich wie ein Riegel im Norden der Cayería del Norte quer. Über den langen Strand schauen rund ein Dutzend Hotels, darunter vier Meliá-Resorts *(www.meliacuba.com)*, aufs offene Meer hinaus. 5-Sterne-Luxus versprechen das *Meliá Buenavista (104 Juniorsuiten | nur für Erwachsene)*, das *Meliá Las Dunas (925 Zi.)* und das *Meliá Cayo Santa María & SPA (356 Zi.)* sowie das *Royalton Cayo Santa María (122 Zi. | www.royaltonresorts.com)*. Alle sind All-inclusive-Resorts *(€€€)*. Die künstlichen Dörfer *Pueblo Las Dunas* und *Pueblo Estrella* sorgen für Kurzweil und das *Refugio de Fauna y Flora (tgl. 9–17 Uhr | Eintritt 4 CUC)* u. a. mit Vogelbeobachtungen für Naturerlebnisse.

REMEDIOS (132 A1) (*H3*)
Gegründet 1514 und damit über 500 Jahre alt, ist Remedios eine der ältesten Städte Kubas. Mit der **INSIDER TIPP** *Iglesia San Juan Bautista (Eintritt 2 CUC)* besitzt sie dazu eine der schönsten Kirchen ganz Lateinamerikas; der Altar ist über und über mit Gold verziert. Sehenswert ist auch das *Museo de las Parrandas (C/ Máximo Gómez 71 | tgl. 9–12, 13–18 Uhr | Eintritt 1 CUC)* mit Kostümen des Feuerwerks- und Kostümfests *(16./24. Dez.)* der Stadt. Stilvoll wohnt man im Hotel *Mascotte (10 Zi. | C/ Máximo Gómez 114 | €€)* am Hauptplatz, im *E Barcelona (24 Zi. | C/ José A. Peña 67 | beide buchbar über Tel. (42) 39 51 44 45 | €€)* oder im privaten Palast *La Casona Cueto (5 Zi. | Alejandro del Rio 72 | zw. E. Malaret/Máximo Gómez | Tel. (42) 39 53 50 | €)*.

TRINIDAD

TRINIDAD

(131 E4) (*Ø H4*) Die 1514 von Diego Velázquez gegründete Stadt ★ Trinidad (36 000 Ew.) gilt als das „Rothenburg Kubas".

Kopfsteinpflaster (aus Boston importiert), hohe Holztüren und vergitterte Fenster, barocke Kirchtürme, vor allem der des ehemaligen *Convento San Francisco* (1730), sind ihre Wahrzeichen. Reich wurde Trinidad Anfang des 19. Jhs. während des Zuckerbooms. Sklavenbefreiung und Unabhängigkeitskrieg stoppten die Entwicklung, der Hafen verlor an Bedeutung. 1950 zum Nationaldenkmal und 1989 von der Unesco zum Welterbe erklärt, gehört Trinidad heute zusammen mit dem im Hinterland anschließenden *Valle de los Ingenios*, dem Tal der Zuckerfabriken, zu Kubas bedeutendsten Touristenattraktionen. Im Süden lädt der INSIDER TIPP schöne 4 km lange Strand der Halbinsel Ancón zum Baden ein *(Pendelbus 9–18 Uhr ab Cubatur-Büro | C/ Antonio Maceo/Zerquera | Eintritt 5 CUC)*. Das Ferienresort *Las Brisas (241 Zi. | Tel. (41) 99 65 00 | €€)* lockt hier mit günstigem All-inclusive-Urlaub.

Museum: Palacio Brunet

SEHENSWERTES

MUSEO MUNICIPAL
Stadtmuseum im ehemaligen Haus des Zuckerbarons Cantero. Zu sehen ist u. a. die zum Patio hin offene Küche. Vom Turm bietet sich ein schöner Blick über die Dächer der Stadt. *C/ Simón Bolívar 423 | tgl. 9–17 Uhr | Eintritt 1 CUC*

MUSEO ROMÁNTICO
Der Ex-Palast des Conde Brunet zeigt die luxuriöse Wohnkultur des Zuckeradels. *C/ F. H. Echerri 52/C/ Simón Bolívar | Di–Sa 9–17, So 9–13 Uhr | Eintritt 2 CUC*

VALLE DE LOS INGENIOS
Wahrzeichen des Zuckermühlentals, auch Valle de San Luis genannt, ist der 43,50 m hohe Glockenturm (19. Jh.) in *Manaca Iznaga* nahe der Straße nach Sancti Spíritus. Er diente u. a. der Überwachung der Sklaven auf den Feldern. Gemütlich ist die Fahrt mit dem *Tren de vapor („Dampfzug", tgl. ab 9.30 Uhr ab Estación de Toro in Trinidad | 10 CUC)* durch die Zuckerrohrfelder.

ESSEN & TRINKEN

LA CANCHÁNCHARA
Uriger Treffpunkt für Liebhaber des gleichnamigen Getränks aus Honig, Rum und Zitronensaft. *Tgl. 10–20 Uhr | C/ Rubén Martínez Villena 78 | €*

INSIDER TIPP QUINCE CATORCE
Vorzüglich dinieren wie im Museum: Hier hat eine Familie ihren Besitz seit 1514 bewahrt und teilt alten Glanz nun mit ihren Gästen. Der Hausherr studierte in Leipzig. *Tgl. 12–16 und ab 18.30 Uhr | C/ Simón Bolívar 515 | Tel. (41) 99 42 55 | www.mytrinidadcuba.com | €€–€€€*

EINKAUFEN

LA CASA DEL ALFREDO
Traditionsreiche Keramikwerkstatt. Schöne Souvenirs sind die in Santería-Farben bemalten Masken. *Andrés Berro 9 | zw. Avel Santamaría/Julio A. Mella*

ÜBERNACHTEN

CASAS PARTICULARES
Gute Privatquartiere: das Hostal *Doctora Margarita (C/ Simón Bolívar 113 | zw. P. Zerquera/A. Cárdenas | Tel. (41) 99 32 26 | €)*, und die *Hospedaje Pompi (Miguel Calzada 111 | zw. C/ Lino Pérez/Cienfuegos | Tel. (41) 99 40 84 | €)*.

DIE MITTE

LAS CUEVAS
Von hier haben Sie einen herrlichen Blick über Stadt und Bucht, Museumshöhle und INSIDER TIPP *Höhlendisko Ayala (Di–So ab 22 Uhr)*. Das Hotel liegt im Hang hinter der Stadt. *109 Zi. | Finca Santa Ana | Tel. (41) 99 61 33 | www.hotelescubanacan.com | €€*

IBEROSTAR GRAND HOTEL TRINIDAD
Kleine 5-Sterne-Oase im historischen Zentrum mit überdachtem Patio; Showcooking, Spielsaal, Internetcafé. *40 Zi. | C/ Jose Martí 262 | zw. Lino Pérez/Colón | Tel. (41) 99 60 73 | www.iberostar.com | €€€*

ZIELE IN DER UMGEBUNG

GRAN PARQUE NATURAL TOPES DE COLLANTES (131 F4) (*H4*)
Serpentinen führen von Trinidad 18 km nach Topes de Collantes (800 m) in eine Welt der Wasserfälle, Flüsse, Täler und sanften Höhen, der Zedern, Pinien, Teak-, Magnolien- und Mahagonibäume, der Farne, Kolibris und Schmetterlinge. Karten und Wanderführer im Infozentrum *(tgl. 8–17 Uhr)* vorm Kurhotel *Escambray* (www.gaviota-grupo.com).

SANCTI SPÍRITUS (131 F4) (*H3*)
Noch eine koloniale Perle, 70 km nordöstlich von Trinidad: Die Provinzhauptstadt (115 000 Ew.) wurde 1514 am Río Tuinucú gegründet (Bartholomé de Las Casas konvertierte dort zum Indianerbe-

Die Straße ist das Wohnzimmer: Dominospieler in Trinidad

schützer!) und 1520 an den Río Yayabo verlegt, den heute Kubas einzige Steinbogenbrücke überspannt. An der Plaza Honorato ist die *Iglesia Parroquial Mayor* zu sehen (1680, schöne Decke im Mudéjarstil), das *Mesón de la Plaza (tgl. 9–22.30 Uhr | C/ Máximo Gómez 34 | Tel. (41) 32 85 46 | €–€€)* lädt zur Einkehr und das *Hostal del Rijo (16 Zi. | Tel. (41) 32 85 88 | €–€€)* zum nächtlichen Verbleib.

DER OSTEN

Man sagt den Leuten im Osten Kubas, dem Oriente, nach, es kümmere sie wenig, wer in Havanna regiert und wie. Fidel Castro stammt aus dem Oriente. Seine Wiege stand nahe der Bahía de Nipe, einer Region, die, mit dem Rücken zum restlichen Kuba, aufs Meer schaut.

Der mangelnde Untertanengeist hat historische Wurzeln. So breiteten sich in der Region schon in vorkolumbischer Zeit eigenständige Kazikenreiche aus. Über 1500 Jahre alte indianische Friedhöfe und andere Fundstellen zeugen von dieser Taíno-Zivilisation. Im Osten begann auch das Kolonialzeitalter: Hier ging Kolumbus an Land, hier setzte er das älteste erhaltene Holzkreuz in die Erde, auf der später mit Baracoa die erste Kolonialstadt Kubas entstand, zugleich Sitz des Gouverneurs – bis diesem Santiago de Cuba besser gefiel. Dort ankerten die ersten Sklavenschiffe und landeten die Flüchtlinge aus Sainte-Domingue, dem späteren Haiti, mit denen Kubas Kaffee- und Zuckerwirtschaft ihren Aufschwung nahm. Schließlich, fast ein halbes Jahrtausend, nachdem die Spanier mit der Hinrichtung des Kaziken Hatuey den indianischen Widerstand erstickt hatten, reiften hier auch die Pläne zu zwei Revolutionen.

Naturfreunde können sich auf schöne, wildromantische Küstenstriche freuen: Westlich von Santiago fällt die Sierra Maestra bei Kubas höchstem Gipfel, dem Pico Turquino, zu einer Steilküste am Cayman-Graben ab. Im äußersten Osten schufen Gebirgszüge eine von wil-

Von der Urzelle des Landes zu Inseln, Stränden und Buchten – von der Wiege des Son zum „Landeplatz" der Revolution

den Buchten und Flussmündungen geprägte Küste, die im Norden übergeht in eine Landschaft der Karstberge, Buchten und Cayos. Hauptmagnet des Ostens bleibt Santiago de Cuba, die „Heimat der kubanischen Musik".

BARACOA

(135 F4) *(M P6)* **Die kurvenreiche Anfahrt über die Gebirgsstraße La Farola gibt einen Vorgeschmack auf die weltabgeschiedene Lage von Baracoa (234 km von Santiago de Cuba).**
Dabei begann in dieser heute so überschaubaren hübschen Stadt (82 000 Ew.) am Fuß des markanten Tafelbergs *El Yunque* (560 m) Kubas Kolonialgeschichte. 1492 rammte Kolumbus hier als Zeichen der Inbesitznahme ein Holzkreuz in den Boden, und 1511 gründete der aus Santo Domingo (Dominikanische Republik) angerückte Diego Velázquez die erste Hauptstadt der Insel. Heute ist der Ort ein Zentrum des Fischfangs, des Kaffee-

BARACOA

und Kakaoanbaus – und eine Oase für Individualtouristen und Naturfreunde.

SEHENSWERTES

MUSEO ARQUEOLÓGICO „LA CUEVA DEL PARAÍSO"
In der dreiteiligen Höhle sind Funde aus der Taíno-Zeit zu sehen, außerdem ein

Fürs Reisegepäck unhandlich: Kunsthandwerk in Holguín

Schädel, den man für den Kopf des Kaziken Guamá hält. *C/ Reparto Paraíso | tgl. 8–17 Uhr | Eintritt 3 CUC*

MUSEO MUNICIPAL
Museum über die Geschichte der Stadt und der Region in der *Fortaleza Matachín* (1739–42). *Mo–Sa 8–12, 14–17, So 8–12 Uhr | Eintritt 1 CUC*

ESSEN & TRINKEN

INSIDER TIPP CASA DEL CACAO
„Tankstelle" für Schokolodenfans am neuen Boulevard Baracoas. Fotos im Laden dokumentieren die Kakaoverarbeitung. *Tgl. 7–23 Uhr | Maceo 129 | Tel. (21) 64 21 25 | €*

FINCA DUABA/EL CACAHUAL
Ein beliebtes Ausflugsziel für Naturfreunde. Auf der *Finca Duaba* locken das Restaurant *El Cacahual (€)*, ein gut bestückter botanischer Garten und ein 270 m langer *Sendero del Cacao* (Kakaolehrpfad). Außerdem gibt es in der Nähe eine Badestelle. *Tgl. 8–16 Uhr | Ctra. Baracoa–Moa, km 2*

FUERTE DE LA PUNTA
Hier sitzen Sie umgeben von alten Festungsmauern mit Blick auf die Meerenge nach Haiti; die Spezialität ist Fisch mit Kokosmilch. *Tgl. 10–22 Uhr | Tel. (21) 64 18 80 | €*

ÜBERNACHTEN

EL CASTILLO
Das größte Ferienhotel im Ort steht auf den Resten einer Festung. *62 Zi. | Calixto García | Tel. (21) 64 51 65 | www.gaviota-grupo.com | €€*

HOSPEDAJE LA TERRAZA
Angenehme Pension mit schöner Dachterrasse, auf Wunsch auch Verpflegung. *2 Zi. | C/ Maceo 235 | zw. Abel Díaz/Limbano Sánchez | Tel. (21) 64 38 57 | €*

VILLA MAGUANA
Dieses kleine Hotel für Individualisten liegt wunderschön an zwei wilden Stränden. *16 Zi. | Ctra. Baracoa–Moa, km 22 | Tel. (21) 64 12 05 | www.gaviota-grupo.com | €*

DER OSTEN

HOLGUÍN

ZIELE IN DER UMGEBUNG

GUANTÁNAMO (135 E4) (*O6*)

Die östlichste Provinzhauptstadt (244 000 Ew.) Kubas ist keine Schönheit, obwohl im Kern noch Kolonialhäuser stehen, die an die Gründungszeit durch die französischen Flüchtlinge aus dem heutigen Haiti erinnern. Zu schnell war es nach der Einrichtung des 12 km südlich gelegenen US-Stützpunkts (seit 1903) in der Bahía Guantánamo gewachsen. Die ursprünglich befristete Pacht ist seit 1934 auf unbegrenzte Zeit verlängert. Die jährlichen Schecks soll die kubanische Regierung nie eingelöst haben. Seit 2002 nutzen die USA die Militärbasis als gesetzesfreie Haftanstalt. Einblicke – auch von Ferne – sind zurzeit nicht möglich. ● Berühmt wurde Guantánamo auch durch das Lied *Guantánamera,* in dem *guajiras* (Bäuerinnen) der Region besungen werden. Der Text geht auf José Martís *Versos Sencillos* („einfache Verse") zurück.

PARQUE NACIONAL ALEJANDRO DE HUMBOLDT (135 E4) (*O–P5*)

Das riesige Gebiet im Rücken Baracoas gilt als der letzte zusammenhängende Regenwald der Karibik, birgt rund 2000 Pflanzen- und **INSIDER TIPP** *90 Vogelarten* (u. a. den Tocororo) und ist seit 2001 Unesco-Welterbestätte. Wanderungen (2–5 Std.) sind nur in einem Teil des Parks und nur mit einem Führer möglich, der Sie u. a. zu klaren Flüssen und versteckten herrlichen Stränden bringt. Buchungen in Baracoa bei *Cubatur (C/ Antonio Maceo 181/Ecke Pelayo Cuervo | Tel. (21) 64 53 06 | versch. 5-std. Ausflüge 24 CUC).* Veranstalter bieten außerdem Ausflüge mit deutschsprachigem Führer; mit *Cubarealtours (www.cubarealtours.eu)* kann man den Park sogar einmal quer durchwandern (ab 4 Personen, 4 Tage, 3 Nächte, 420 Euro/Pers.)

(134 B–C3) (*N5*) **Die Provinzhauptstadt Holguín (326 700 Ew.) wurde nach dem ersten spanischen Grundbesitzer Mitte des 16. Jhs. benannt. Mit vielen Parks breitet sie sich im Mayabe-Tal zwischen Karstbergen aus.**

Das Wahrzeichen der Stadt ist die *Loma de la Cruz.* Zum Gipfelkreuz des „Kreuzhügels" führt eine Treppe mit 461 Stufen. Am 3. Mai, den **INSIDER TIPP** *Romerías de Mayo*, ist es Wallfahrtsziel für viele Gläubige. Von Frömmelei aber spürt man in der Stadt nichts. Die Leute sind lebenslustig und weltoffen, ganz besonders seit Holguín das Tor zur Ferienregion *Parque Natural Colón* (Kolumbus-Naturpark) wurde und zunehmend Touristen die Stadt bevölkern. Die attraktive Ferienregion, auch Costa Verde und Costa Esmeralda genannt, erstreckt sich über die Buchten der Nordküste.

MARCO POLO HIGHLIGHTS

★ **Finca Mañacas**
Das elterliche Anwesen von Fidel Castro lässt tiefe Einblicke in seine Jugendzeit zu → S. 79

★ **Casa de Velázquez**
In Santiago steht das älteste Haus Kubas, heute Kolonialmuseum → S. 81

★ **Casa de la Trova**
In der berühmtesten Musikkneipe Kubas in Santiago traten schon alle Stars auf → S. 85

★ **La Comandancia de La Plata**
Das Versteck der Revolutionäre in der Sierra Maestra will erwandert werden → S. 86

HOLGUÍN

Lebensgroß: Indianerfiguren in der Aldea Taína bei Banes

SEHENSWERTES

MUSEO DE CIENCIAS CARLOS DE LA TORRE
Kubas größte Sammlung von Schneckenhäusern und Muschelschnecken. *C/ Maceo 129 | zw. Martí/Luz Caballero | Di–Sa 9–12, 12.30–17, So 9–12 Uhr | Eintritt 1 CUC*

ÜBERNACHTEN

MIRADOR DE MAYABE
Hotel im rustikalen Stil auf dem Karsthügel von Mayabe, mit tollem Blick über die Stadt; Pool, Restaurant. Zum Komplex gehört die Museumsfinca **INSIDER TIPP** *Mayabe*. *24 Zi. in Villen | Alturas de Mayabe, km 8 | Tel. (24) 42 54 98 | €*

VILLA LIBA
Etwa 250 m vom Loma de Cruz und 500 m vom Parque Calixto entfernt, wohnt man in der 50er-Jahre-Villa schön ruhig und zentral. Parkplatz. *3 Zi. mit Bad und Klimaanlage | Maceo 46/C/ 18 | Tel. (24) 42 38 23 | €*

AUSKUNFT

INFOTUR
Das Informationsbüro für Stadt und Region befindet sich im ersten Stock des *Edificio Pico Cristal. C/ Libertad/Martí | Tel. (24) 45 50 13*

ZIELE IN DER UMGEBUNG

BANES (135 D3) (*N5*)
Das Gebiet um Banes ist wegen zahlreicher präkolumbischer Ausgrabungsstätten bekannt. So fand man 1980 auf dem Chorro de Maíta den größten indianischen Friedhof in der Karibik: mit rund 1000 bis zu 1500 Jahre alten Skeletten. 62 sind im *Museo Chorro de Maíta* gegenüber vom rekonstruierten Indianerdorf *Aldea Taína (Ctra. Guardalavaca–Banes | Mo–Sa 9–17, So 9–13 Uhr | Eintritt Museum 2 CUC, Eintritt Aldea 5 CUC)* zu se-

DER OSTEN

hen. Zahlreiche Funde sind in direkt Banes (34 km von Guardalavaca) zu sehen: im *Museo Indocubano Baní (C/ General Marrero 305 | Di–Sa 9–17, So 8–12 Uhr | Eintritt 1 CUC)*, das nach dem mächtigen Kaziken der Region, Baní, benannt ist. Hier trifft man auch den *Historiador* (Historiker) und Fotografen Luis Rafael Quiñones, der INSIDER TIPP Führungen durch seine „Hauptstadt der Archäologie" anbietet. Übernachtungstipp: *Colonial Guest House (C/ H Nr. 1526 | zw. C/ Veguitas/Franco | Tel. (24) 80 22 04 | €)*. Anfang des letzten Jhs. war Banes quasi im Besitz der US-Gesellschaft United Fruit Company. In dieser Zeit wurden in der Stadt der spätere Diktator Fulgencio Batista (1901–73) geboren, 25 Jahre später ganz in der Nähe, in Birán, sein späterer Erzfeind Fidel Castro. Am 12. Oktober 1948 heiratete Castro in Banes Mirta Díaz-Balart, die Tochter des Bürgermeisters. 1953 – im Jahr von Castros Sturm auf die Moncada-Kaserne – wurde Castros Ehe annulliert. 1959, nach dem Sieg der Revolution, gründete Mirtas Bruder die erste Anti-Castro-Organisation.

BIRÁN (134 C4) (*M N5*)

Wer wissen will, wo und wie Fidel Castro die ersten 14 Jahre seines Lebens verbrachte, kann seine elterliche ★ *Finca Mañacas (tgl. 9–17 Uhr | Eintritt 10, Foto-/Videoerlaubnis 10 CUC)* in dem 66 km östlich von Holguín gelegenen Bergdorf besuchen. Das Anwesen umfasst 26 Gebäude, u. a. das rekonstruierte erste Wohnhaus (1954 abgebrannt), in dem Kubas Staatschef am 13. 8. 1926 geboren wurde. Das Zimmer, das er sich mit Bruder Raúl teilte, ist ebenso zu sehen wie die Hahnenkampfarena.

CAYO NARANJO (134 C3) (*M N5*)

Die Insel in der großen „Orangenbucht" (Anfahrt mit der Fähre) ist eine Freizeitwelt mit vielen Facetten: Im *Acuario Cayo Naranjo* (s. S. 111) kann man u. a. Shows mit Delfinen und Seelöwen sehen oder mit dem Katamaran zu Ausflugsfahrten ablegen *(tgl. 9.15 Uhr)*. Außerdem laden Strände zum Picknicken und Baden ein. Fähre *(tgl. 9–21 Uhr): Ctra. Guardalavaca, km 48*

INSIDER TIPP CAYO SAETÍA
(135 D3–4) (*M O5*)

Auf der mit dem Festland durch einen Damm verbundenen Insel leben u. a. Gazellen, Büffel, Strauße und Antilopen wie in freier Wildbahn *(Eintritt 10 CUC | Reisepass mitbringen!)*. Übernachtung im *Hotel Villa Cayo Saetía (16 Zi. | Tel. (24) 96 90 00 | €€–€€€)*.

GIBARA (134 C3) (*M N4–5*)

Ein spanisches Fort, schöne weiße Kolonialhäuser und am Stadtrand eine Höhle: Die 34 km nordwestlich von Holguín gelegene Hafenstadt (72 000 Ew.) ist ein beliebtes Ausflugsziel, das von den Hotelagenturen zu Recht angeboten wird. Hoteltipp: *Ordoño (27 Zi. | C/ J. Peralta | zw. C/ Donato/Independencia | Tel. (24) 84 44 48 | €€)*.

GUARDALAVACA (134 C3) (*M N4–5*)

Der Name Guardalavaca (dt. „Pass auf die Kuh auf") lässt vermuten, hier sei der Hund begraben. Aber so schlimm ist es nicht – im Gegenteil: Der Ferienort am schönsten Strand der Region wird zurzeit modernisiert. Altes, darunter die Disko *La Roca*, ist einer riesigen Baustelle gewichen. Ungestört von ihr liegt das beliebte Hotel *Las Brisas (437 Zi. | Tel. (24) 43 02 18 | www.cubanacan.cu | €€)*.

PARQUE MONUMENTO NACIONAL BAHÍA DE BARIAY (135 D3) (*M N5*)

16 indianische Götterstatuen, die von griechischen Säulen in der Anordnung ei-

SANTIAGO DE CUBA

nes Schiffsrumpfs bedrängt werden, erinnern an den 29. Oktober 1492, als Christoph Kolumbus an dieser Stelle erstmals kubanischen Boden betrat. Das Denkmal im groß angelegten Park schuf 1992 die Künstlerin Caridad Ramos Mosquera. Der Park (ausgeschildert) liegt nahe Fray Benito. *Tgl. 9–18 Uhr | Eintritt 8 CUC*

PLAYA ESMERALDA (134 C3) (*N4–5*)
Der schöne weiße und feinsandige Strand liegt nur 4 km westlich von Guardalavaca. Zwei Meliá-Hotels *(www.melia.com)* und die Tauchschule *Sea Lovers (Tel. (24) 3 00 30)* beanspruchen ihn für sich: das *Sol Río de Luna y Mares (464 Zi. | Tel. (24) 43 00 60 | €€–€€€)* und im Osten das luxuriöse ● *Paradisus Río de Oro & Spa (354 Zi. | Tel. (24) 43 00 90 | €€€)*. Am Westende der Bucht lockt das Naturschutzgebiet INSIDERTIPP *Los Guanos (tgl. 8–18 Uhr | Eintritt 6 CUC)* mit einem gut beschilderten Wander- und Lehrpfad. Deftige kubanische Kost gibt es hier im Restaurant *Conuco de Mongo Viña (tgl. 9–18 Uhr | Tel. (24) 3 07 48 | €)*.

PLAYA PESQUERO (134 C3) (*N4–5*)
Die weiße Playa Pesquero fällt flach in einer westlich der Bahía Naranjo gelegenen Bucht in ab. Zwei Gaviota-Hotels *(www.gaviota-grupo.com)* gibt es: das *Playa Pesquero-Resort (944 Zi., großer Wellnessbereich | Tel. (24) 3 05 30 | €€€)* und das sportliche *Playa Costa Verde (480 Zi., Fitnesscenter, Kajaks, Fahrräder | Tel. (24) 3 50 10 | €€€)*. Nördlich gesellt sich das familiäre *Blau Costa Verde (440 Zi. | Tel. (21) 3 50 10 | www.blauhotels.com | €€€)* mit schöner Lagunenlandschaft dazu.

PLAYA YURAGUNAL
(134 C3) (*N4–5*)
Der östlich von Playa Pesquero gelegene Strand, die *Playa Turquesa*, gehört zum *RIU Turquesa-Resort (531 Zi. | Tel. (24) 43 35 40 | www.riu.com | €€€)*. Ganz in der Nähe, auf dem Weg zur Playa Yuragunal, befindet sich das Infozentrum des INSIDERTIPP *Bioparque Rocazul (Tel. (24) 3 08 33 | tgl. 8.30–17 Uhr)*. Benannt nach einem blauen Stein, den man hier finden kann, bietet der 5 km² große, an die *Bahía Naranjo* reichende Park Wander- und Reitwege *(8 bzw. 16 CUC/Std.)*, Mountainbikerouten *(15 CUC/Std.)* und Einkehrmöglichkeiten wie die *Finca Monte Bello (tgl. 8.30–17 Uhr | €)*.

SANTIAGO DE CUBA

(134 C5) (*N6*) **Das New Orleans Kubas: afrikanisch und supermusikalisch. Die alte Hafenstadt (513 000 Ew.) an der tiefen Bucht lockt mit alten Musikkneipen in engen Gassen und urkaribischem Flair.**

Ihre enge Mündung zur Karibischen See ist gut geschützt: Vor ihr liegt wie ein Pfropfen die kleine Insel *Cayo Granma*, und auf der Klippe an der Einfahrt wacht wie in den Zeiten der großen Piratengefahr aus Jamaika die Festung *San Pedro de la Roca del Morro* (Unesco-Welterbe). Treffpunkt in der Stadt ist der *Parque Céspedes*. Gebäude, die große Geschichte(n) erzählen, stehen sich hier gegenüber: das *Rathaus*, auf dessen Balkon Fidel Castro einst den Sieg der Revolution verkündete, das prachtvolle *Hotel Casa Granda*, die *Casa de Velázquez* (die ehemalige Residenz des Stadtgründers Diego Velázquez) und die mächtige *Kathedrale* (gegründet 1522, umgebaut 1922), in der Papst Johannes Paul II. 1998 eine Versöhnungsmesse hielt.

Von 1524 an war *Santiago de Cuba* Inselhauptstadt, musste den Titel aber schon

DER OSTEN

1607 an Havanna abgeben. Rettung vor dem Sturz in die Bedeutungslosigkeit brachte die Revolution auf Haiti. Damals flüchteten viele Kaffee- und Zuckerfarmer mit ihren Sklaven nach Santiago de Cuba. Ihr Viertel, das sich südlich des historischen Zentrums über den *Loma del Intendente* erstreckt, wurde bald bekannt für die Tänze und Gesänge der Sklaven: Aufführungen, die ihm den Namen „Tivoli" einbrachten. Alejo Carpentier erzählt aus dieser Zeit Santiagos in „Das Reich in dieser Welt". Der Schriftsteller Matthias Politycki, der ein Jahr in diesem Viertel lebte, verarbeitete die noch lebendigen okkulten Praktiken in seinem Roman „Herr der Hörner". Wirtschaftlich profitierten Santiago de Cuba und ganz Kuba vom französischen Know-how im Anbau von Zuckerrohr und Kaffee. Das berühmteste Erbe aber ist die Musik. Der Tanz *Tumba Francesa* (seit 2003 Unesco-Welterbe), den die Aussiedler aus Haiti damals mitbrachten, wird nach wie vor in den Barrios getanzt. Die Stadt gilt auch als die Wiege des Son – und der Revolution. Immerhin lernte Fidel Castro hier als Student am Jesuitenkolleg jene Tugend, mit der seiner Meinung nach der Erfolg der Revolution gesichert war: Disziplin. Ob er sie wenigstens mal zum Karneval im Juli vergaß, hat er nie verraten.

> **WOHIN ZUERST?**
> **Parque Céspedes**: bester Ausgangspunkt für Stadtrundgänge. Westlich der Kathedrale liegt die Bank, östlich das Infotur-Büro, vor dem man für 1 CUC (an die Wächter) auch sicher parken kann. Ein paar Schritte nur führen zur Casa de la Trova, und auch die immer lebhafte Plaza de Dolores ist schnell zu Fuß erreicht.

SEHENSWERTES

CASA DE VELÁZQUEZ ★
Mit ihrem holzvergitterten Balkon schon von außen ein koloniales Schmuckstück:

Das Herz von Santiago de Cuba: Kathedrale am Parque Céspedes

SANTIAGO DE CUBA

Wohlstand vergangener Zeiten: Museo del Ambiente Histórico in der Casa de Velázquez

die für den ersten Gouverneur Kubas 1516–22 erbaute Casa Diego Velázquez. Im Erdgeschoss, das als Kommandantur diente, steht noch der Schmelzofen für erbeutetes Gold. Im Obergeschoss befanden sich die Privaträume. In diesem und im Nachbarhaus zeigt das *Museo del Ambiente Histórico* Möbel des 16.–19. Jhs. *C/ Félix Peña 610 | Parque Céspedes | tgl. 9–17 Uhr | Eintritt 2 CUC | Fr 13.30–17 Uhr Peña de Danzón*

CEMENTERIO SANTA IFIGENIA
Mittelpunkt des Friedhofs ist das Grabmal des Dichters und Freiheitshelden José Martí. Außerdem u. a. das Grab der Familie Bacardí. *Av. Crombet | Mo–Fr 8–18, Sa/So 8–17 Uhr | Eintritt 1 CUC, Foto- und Videoerlaubnis 1 bzw. 5 CUC*

ESCALINITA PADRE PICO/ CALLE JESÚS RABI
Die schöne breite, von Häuschen flankierte Treppe ist die fotogenste Verbindung der Unterstadt mit „Tivoli", der alten Siedlung der französischen Immigranten. Sie führt direkt auf die *C/ Jesús Rabi* und das an der Ecke liegende *Museo de Lucha Clandestina (C/ Jesús Rabi 1 | Di–So 9–17 Uhr | Eintritt 1 CUC)* zu. Das Museum in der ehemaligen Polizeistation ist der Bewegung des 26. Juli (Sturm auf die *Moncada*-Kaserne) gewidmet. **INSIDER TIPP** In der Calle Jesús Rabi 6 wohnte Fidel Castro während seiner Studienzeit in Santiago de Cuba.

FORTALEZA DE SAN PEDRO DE LA ROCA DEL MORRO
Die beeindruckende Festung wurde 1638–1700 nach Plänen des Militärbaumeisters Juan Bautista Antonelli zum Schutz gegen Piraten erbaut und ist seit 1997 Unesco-Welterbe. Innen kann man sich über Filibuster, Bucaneros & Co informieren, Kanonen, ein Verlies und eine Dokumentation zur spanisch-amerikanischen Seeschlacht (1898) vor Santiago studieren; allein der **INSIDER TIPP** traumhafte Panoramablick lohnt den Besuch. 207 Stufen führen hinunter zur Küste. *Tgl. 8–19.30 Uhr | Eintritt 4 CUC*

DER OSTEN

LA MAQUETA
Die ganze Stadt mitsamt Hafenbucht als raumfüllendes Modell – ideal, um sich einen Überblick zu verschaffen. Führer erläutern dazu Lage und Geschichte einzelner Viertel. *C/ Corona 704 | zw. San Basilio/Santa Lucía | Di–So 9–21 Uhr | Eintritt 1 CUC*

MUSEO DEL CARNAVAL
Masken, Kostüme, typische Musikinstrumente wie *congas* und *cornetas*, Plakate und Fotos vermitteln einen Eindruck vom lebenslustigen Karneval in Santiago (letzte Juliwoche). *C/ Heredia 303 | Di–So 9–17 Uhr | Folklorevorführungen Mo–Sa 16, Rumbashow So 16 Uhr (im Eintrittspreis inbegriffen) | 1 CUC*

MUSEO HISTÓRICO 26 DE JULIO ●
Die *Moncada*-Kaserne war vor der Revolution das zweitgrößte militärische Quartier des Diktators Fulgencio Batista. Einschusslöcher erinnern an den misslungenen Anschlag vom 26. Juli 1953 unter Führung von Fidel Castro. Heute sind in dem Gebäude eine Schule und ein *Revolutionsmuseum (Ctra. Central | Ecke Gen. Portuondo | Mo–Sa 9–17, So 9–12 Uhr)* untergebracht.

MUSEO PROVINCIAL EMILIO BACARDÍ
Säulengeschmückter Tempel der Archäologie und Stadtgeschichte, als erstes Museum Kubas 1899 gegründet. Der Schreibtisch des Gründers Emilio Bacardí Moreau steht im Eingang. *C/ Pío Rosado/Aguilera | Di–Sa 9–21, So 9–17 Uhr | Eintritt 2 CUC*

MUSEO DEL RON
Was Sie schon immer über die Herstellung von Rum wissen wollten, zeigt dieses Museum. Eine Kellerbar lädt zum Verkosten und ein Shop zum Einkauf ein. *C/ San Basilio 358 | tgl. 9–21 Uhr*

ESSEN & TRINKEN

MATAMOROS
Das nach einem kubanischen Son-Trio benannte staatliche Restaurant liegt direkt an der familiären Plaza de Dolores. Solide Standards wie Huhn mit Reis stillen hier den Hunger. *Tgl. 12–23 Uhr | Tel. (22) 68 64 59 | €*

GÖTTER, KULTE & HEILIGE

Ähnlich dem Voodoo in Haiti und dem Candomblé in Salvador de Bahía/Brasilien werden auf Kuba im Rahmen ritueller Versammlungen von *santeros*, den Priestern, die *orishas* angerufen, wie die rund zwanzig guten oder bösen Gottheiten heißen. Die Naturreligion geht davon aus, dass jedem Menschen mindestens eine dieser Gottheiten zugeordnet ist, etwa Ochún, die Göttin der Eitelkeit, Oyá, die gefährliche Göttin der Rache, Yemayá, die Göttin des Meeres und der Mutterschaft, oder Ogún, der Frauenheld, Krieger und Gott der Berge. Für viele Kubaner ist es selbstverständlich, im Haus gemischte afrokubanisch-christliche Altäre oder Schreine zu besitzen. In spanischer Zeit wurden den christlichen Heiligen afrikanische Götter zugeordnet; die Götter existierten auf diese Weise trotz des inquisitorischen Drucks der Kirche weiter. Die Santería-Religion ist die in Kuba verbreitetste afro-kubanische Religion.

SANTIAGO DE CUBA

1900
In dem ehemaligen Wohnhaus der Rum-Dynastie Bacardí speist man sehr vornehm für Pesos unter Kristallleuchtern. Besonders gut ist die *sopa de mariscos* (Meeresfrüchtesuppe). *Tgl. 12–24 Uhr | C/ San Basilio | zw. San Félix/Carnicería | Tel. (22) 62 35 07 | €*

PALADAR SALÓN TROPICAL
Hier bekommen Sie kubanische, italienische und gegrillte Köstlichkeiten aus kochkundiger Hand, serviert auf einer lauschigen Dachterrasse. *Tgl. 13–24 Uhr | C/ Fernández Marcané 310 | Santa Bárbara | Tel. (22) 64 11 61 | €*

ZÚNZUN
Vornehm speist man hier in den Zimmern oder auf der Terrasse einer Villa. Große Auswahl an leckeren Gerichten, auch kubanische Spezialitäten und Meeresfrüchte. *Tgl. 12–23 Uhr | Av. Manduley 159/C/ 7 | Vista Alegre | Tel. (22) 64 01 75 | €–€€€*

EINKAUFEN

CASA DEL HABANO
Große Zigarrenauswahl für Liebhaber des blauen Dunstes. Der Laden gehört zur hiesigen Tabakfabrik. *Av. Jesús Menéndez 703 | tgl. 9–18 Uhr | Eintrittskarte für die Besichtigung (5 CUC) bei Cubatur an der Kathedrale*

LA MAISON
Was trägt frau auf Kuba diese Saison? Im Modehaus Kubas präsentieren die hübschesten Mädchen von Santiago kreative kubanische Mode. Im Laden gibt es Schmuck, Souvenirs und Freizeitkleidung zu kaufen. Die Karten für die Modenschauen *(5 CUC)* sind nur an der Abendkasse erhältlich. *Av. Manduley 52 | Vista Alegre | Tel. (22) 64 11 17*

ÜBERNACHTEN

INSIDER TIPP CASA EL TIVOLI
Hier schrieb Matthias Politycki seinen Santiago-Roman „Herr der Hörner". Sr. Luis Antonio Félix („Luisito") und seine Frau Denia, das Lesern aus dem Roman bekannte Paar, sind die Vermieter. *C/ Jesús Rabi 107,5 | zw. Princesa/Santa Rosa | Tel. (22) 65 28 31 | lantoniofr@gmail.com | €*

CASA GRANDA
Prachtvoll restauriertes ehemaliges Grandhotel (1914). Von der Terrasse kann man den ganzen *Parque Céspedes* überblicken, die *Casa de la Trova* liegt gleich um die Ecke. *58 Zi., 3 Suiten | Parque Céspedes | Tel. (22) 65 30 21 | (22) 65 30 24 | www.grancaribe.com | €€*

DOÑA MARÍA ELENA PONCE FAVERO
Üppig antik möbliertes Privathaus zuvorkommender Gastgeber mit zwei Privatzimmern (beide mit Bad, Klimaanlage und Kühlschrank). *C/ Hartmann 213 | zw. Maceo/San Mateo | Tel. (22) 65 12 97 | €*

MELIÁ SANTIAGO DE CUBA
Das Stadthotel. Tennisplätze, Fitnessraum und ein Jacuzzipool gehören zu den Annehmlichkeiten des Glas-, Stahl- und Betonbaus, außerdem WLAN in der Lobby *(nur für Hotelgäste, 2 Std. 12 CUC)*. Die Disko *Café Santiago (öffentlich, Sa ab 23 Uhr)* ist die Nr. 1 in der Stadt. *302 Zi. | Av. Las Américas/C/ M | Tel. (22) 68 70 70 | www.meliacuba.com | €€€*

INSIDER TIPP SAN BASILIO
Lichtblick in der restaurierungsbedürftigen Stadt: Die schmucke alte Villa liegt zentral und bietet acht großzügige Zimmer. *C/ San Basilio 403 | zw. C/ Calvario/Carnicería | Tel. (22) 65 17 02 | (22) 65 16 87 | www.cubanacan.cu | €€*

DER OSTEN

AM ABEND

CABARET TROPICANA
Wie die ganze Stadt, so ist auch die berühmte Revue hier lockerer als die Hauptstadtausgabe von Havanna. Wem die Musik während der Show ins Blut gegangen ist, der kann danach gleich in der benachbarten Disko abtanzen. *Circunvalación/Autopista Nacional, km 1,5 | Tel. (22) 64 25 79 | Fr/Sa ab 22 Uhr | Eintritt 30 CUC*

CASA DE LAS TRADICIONES
Der Partytempel Tivolis, tapeziert mit Bildern legendärer Sänger aus dem Viertel und hübsch dekoriert für Götteranbeter. Ab und zu heizt Livemusik ein, INSIDER TIPP am 6. Juli Ogún-Zeremonie. *C/ Rabi 154 | Tivoli | tgl. ab 21 Uhr*

CASA DE LA TROVA ★ ●
Kleine Bühne, die Wände voller Fotos, ein paar Sitze für Freunde: Hier treten begnadete Sänger und Musiker auf. An den hübsch hergerichteten alten Raum schließt sich als abendliches Tanzparkett der *Patio de la Trova* an; oben im *Salon de los Grands* kann bis spät in die Nacht weitergetanzt werden. *C/ Heredia 208 | tgl. 21–1 Uhr | Eintritt 5 CUC*

PATIO ARTEX SANDUNGA
Highlife schon vormittags – hier treffen sich Touristen zu Limonade oder Bier. Auch Souvenirs und Restaurant. Tgl. Livemusik. *C/ Heredia 304 | tgl. 9–24 Uhr | Eintritt (bei Konzerten) 3 CUC*

AUSKUNFT

CUBATUR/INFOTUR
Tickets (Tabakfabrik), Ausflüge. *Parque Céspedes | gegenüber der Casa Granda | Tel. (22) 68 60 33 | tgl. 8.30–17 Uhr*

ZIELE IN DER UMGEBUNG

BAYAMO (134 B4) (*M6*)
Die Hauptstadt (235 000 Ew.) der Provinz „Granma" (benannt nach der Yacht, mit

In der Casa de la Trova gibt's kubanische Musik vom Feinsten zu hören

SANTIAGO DE CUBA

Eindrucksvoller Blickfang in den Bergen: die Basilika von El Cobre

der die Rebellen 1956 an der Westküste dieser Provinz landeten) liegt knapp 100 km westlich von Santiago de Cuba. Bayamo eignet sich nicht nur gut als Stützpunkt für Ausflüge an die Westküste oder in den Nationalpark Sierra Maestra, auch die sympathisch selbstbewusste, schon 1513 gegründete Stadt selbst lohnt einen Besuch. Aus ihr stammte der große Held des Ersten Unabhängigkeitskrieges: Carlos Manuel Céspedes (1819–74); sein Geburtshaus, heute das *Museo Casa Natal del Padre de la Patria (C/ Maceo 57 | Di–Fr 9–17, Sa 9–14 /20–22, So10–13.30 Uhr | Eintritt 1 CUC)*, steht an der zentralen Plaza de la Revolución. Wie der „Vater der Nation" aussah, kann man sich im INSIDERTIPP *Museo de Cera (C/ General García 221 | zw. Masó/Lora | Di–Fr 9–17, Sa 10–13, 19–22 Uhr, So 9–12 Uhr | Eintritt 2 CUC)*, einem kleinen Wachsfigurenkabinett in der Fußgängerzone *(Bulevard)* ansehen. Übernachtungstipp: Schön zentral und komfortabel wohnt man in der *Villa León (1 Zi. | C/ Donato Marmol 154 | Tel. (23) 41 12 88 | €)*.

EL COBRE (134 C5) (*N6*)

Der kleine Wallfahrtsort, zugleich Zentrum des Kupferabbaus, liegt 20 Fahrminuten von Santiago de Cuba entfernt hinter Melgarejo in den Bergen. Schon von Weitem ist die den grünen Hügel krönende weiße Basilika von 1927 zu sehen. In ihrem Innern thront über dem Altar die Schutzpatronin Kubas, die *Virgen de la Caridad.* Am Wegesrand angebotene Sonnenblumen sind Opfergaben für ihr heidnisches Pendant, die Göttin Ochún. Vom Parkplatz aus sieht man die Abraumhalden der Kupferminen.

LA COMANDANCIA DE LA PLATA ★
(134 B5) (*M6*)

Zurück zu den Anfängen der Revolution und in den Nationalpark um Kubas höchsten Gipfel, den *Pico Turquino* (1974 m) in der Sierra Maestra, führt eine Wanderung zur Comandancia de La Plata. Bester Ausgangspunkt des fünfstündigen Fußmarschs *(20 CUC inkl. Führer)* ist der Bergort *Santo Domingo* (73 km südwestl. von Bayamo). Man sollte sich dort am Vorabend in dem nach ökologischen Gesichtspunkten gebauten Hotel *Villa Santo Domingo (20 Zi. | Ctra. La Plata, km 16 | Tel. (23) 56 55 68 | €–€€)* einquartieren, um am nächsten Morgen früh starten zu können. In der *Comandancia de Ejército Rebelde* von La Plata versteckten sich die Revolutionäre um Fidel Castro nach ihrer Landung aus Mexiko, um die Revolution vorzubereiten. Zu sehen

DER OSTEN

ist als erstes die Lichtung, auf der Castro 1976 mit dem Hubschrauber landete. Danach folgen im Gelände verstreut 16 Gebäude, u. a. das Feldlazarett, in dem Che Verwundete verarztete, die *Casa Comandante* von Fidel Castro und der „Justizpalast", in dem Recht gesprochen wurde. Ein Modell im angeschlossenen Museum zeigt die Anlage auf einen Blick.

PARQUE DE BACONAO
(135 D5) (*O6*)

Der von der Unesco zum Biosphärenreservat erklärte Park ist mit 800 km² der größte Freizeitpark Kubas. Die Region hat stark unter Hurrikan Sandy (Ende 2012) gelitten. Zu Beginn lädt eine Serpentinenstraße zur Fahrt auf den *Gran Piedra* ein, die mit 1234 m höchste Erhebung der Gegend. Auf dem Weg zum ☼ *Mirador* (Aussichtsplatz) lohnt das *Museo Cafetal La Isabelica (tgl. 8–16 Uhr | Eintritt 2 CUC)* einen Halt; die ehemalige Kaffeefinca wurde 1791 von Flüchtlingen aus dem damaligen Sainte-Domingue (ab 1804 Haiti) gegründet. Einkehrmöglichkeit: *Gran Piedra (Zi. zzt. noch nicht wieder hergestellt | Tel. (22) 65 12 05 | €)*. Wieder an der Küste, folgt an der Ctra. Bacanao (km 9,5) das *Prähistorische Tal* (s. S. 111); dort tummeln sich naturgetreu nachgebildete Dinos und andere Urviecher. Rund 1 km weiter wird Autoliebhaber das *Museo Nacional del Transporte Terrestre (Ctra. Baconao, km 8,5 | tgl. 8–17 Uhr | Eintritt 1 CUC)* erfreuen: Hier stehen 44 Oldtimer, u. a. der Ford von Fidel Castros Mutter Lina Ruz. In einem kleinen Gebäude sind dazu 2071 kleine Automodelle zu sehen. An der Ctra. Bacanao km 27,5 wirbt das *Acuario Baconao (Di–Sa 9–17 Uhr | Eintritt ab 7 CUC)* mit einem leider nicht artgerechten Delfinarium um Besucher. Bei Ctra. Baconao km 51 folgt bald das Doppelhotel *Club Amigo Carisol Los Corales (310 Zi. | Tel. (22) 35 61 13 | € | Tagesgäste zahlen 15 CUC)* an einem schönen, weißen Strand – ein bei den Kubanern ebenso beliebtes Ausflugsziel wie die *Laguna Baconao* am Ende der Ctra. Baconao.

PILÓN/MAREA DEL PORTILLO/ PARQUE NACIONAL GRANMA
(134 A5) (*L6*)

Die Küstenstraße westlich von Santiago de Cuba gehört zu den landschaftlich schönsten Strecken Kubas, ist aber in schlechtem Zustand. Sie führt, immer entlang einer von Buchten gesäumten Steilküste, bei km 60 nach Chivirico (Ferienresort *Brisas Sierra Mar Hotel*, auch für Tagesgäste), dann am Fuße des Pico Turquino vorbei bis zur *Villa Turística Punta Piedra (13 Zi. | Tel. (23) 59 70 62 | €)* in Marea del Portillo bis zum kleinen Ort Pilón. Westlich beginnt der *Parque Nacional Desembarco del Granma* (Nationalpark „Landung der Granma"). Wegen seiner hohen Zahl an endemischen Pflanzen und Tiere erklärte ihn die Unesco 1999 zur Welterbestätte. Er reicht bis zur *Playa Las Coloradas*, wo der Fidel Castro und seine Männer, aus dem mexikanischen Exil kommend, mit der „Granma" 1956 anlandeten.

LOW BUDGET

In Bayamo, Manzanillo und Pilón laden samstags ab 20 Uhr Straßenfeste mit kostenloser Musik zum Abfeiern ein.

Jeden Freitag (13.30–17 Uhr) lohnt der Besuch der *Casa de Velázquez* in Santiago de Cuba doppelt, dann sind im Eintrittspreis noch *Peña-de-Danzón*-Aufführungen enthalten.

ERLEBNISTOUREN

① KUBA PERFEKT IM ÜBERBLICK

START: ① Havanna
ZIEL: ① Havanna

12 Tage reine Fahrzeit ca. 40 Stunden

Strecke: 🚗 2500 km

KOSTEN: ca. 2000 Euro für 2 Personen für Mietwagen, Nationalparkeintritt mit Führer, Unterkunft in einfachen Hotels oder *casas particulares,* Essen, Proviant, Benzin

MITNEHMEN: Badesachen, Sonnenschutz, Wanderschuhe, Fernglas, Regenschutz, Reiseproviant, kubanische Pesos für Einkäufe in der Provinz

ACHTUNG: Pass(kopie) und jeweils 2 CUC für die Hin- und die Rückfahrten auf den beiden Meeresdämmen *(pedrapléns)* nicht vergessen.
Wanderung zur ⑬ Comandancia de la Plata ca. 2½ Std. Gehzeit

Jeder Zipfel dieser Erde hat seine eigene Schönheit. Wenn Sie Lust haben, die einzigartigen Besonderheiten dieser Region zu entdecken, wenn Sie tolle Tipps für lohnende Stopps, atemberaubende Orte, ausgewählte Restaurants oder typische Aktivitäten bekommen wollen, dann sind diese maßgeschneiderten Erlebnistouren genau das Richtige für Sie. Machen Sie sich auf den Weg und folgen Sie den Spuren der MARCO POLO Autoren – ganz bequem und mit der digitalen Routenführung, die Sie sich über den QR-Code auf S. 2/3 oder die URL in der Fußzeile zu jeder Tour downloaden können.

Die größte Insel der Karibik in nur zwei Wochen kennenlernen, geht das? Und ob! Folgen Sie dieser Route von der Hauptstadt Havanna zu den Traumstränden an der Nordküste, auf den Spuren der Revolution in den Osten und in die Zuckerstädte des Südens.

Verlassen Sie ❶ **Havanna → S. 32** durch den Tunnel, und fahren Sie dann auf die Vía Blanca; sie passiert Cojímar → S. 48 und die Playas del Este→ S. 48, bis an der ❷ **Puente Bacunayagua** der **Mirador del Yumurí** (vor der Brücke) zu einer Pause mit tiefem Blick in das Yumurí-Tal ein-

TAG 1

❶ Havanna

85 km

❷ Puente Bacunayagua

21 km

Bild: US-Straßenkreuzer bei Matanzas

❸ Matanzas

40 km

❹ Varadero

lädt. Bei der Einfahrt in ❸ **Matanzas → S. 61** bietet sich ein großartiges Bild auf die weite geschwungene Bucht und bei der Ausfahrt auf das Tal des Río Canimar. Nun geht es geradewegs weiter zu Kubas ältestem Touristenzentrum, nach ❹ **Varadero → S. 56**, mit seinem berühmten Strand, vielen Restaurants, Bars und Hotels. Bei **Infotur → S. 60** erfahren Sie nicht nur, wo Sie in Varadero, sondern auch auf Cayo Las Brujas und Cayo Guillermo (Routenpunkte 7 und 9) übernachten können – falls Sie die Quartiere nicht schon vor der Reise gebucht haben.

TAG 2–3

Die noch immer von Mangel geprägte Realität der Kubaner bringt danach das nahe Cárdenas → S. 60 vor Augen, wo

ERLEBNISTOUREN

noch viele Kutschen als Fahrzeuge dienen. **Durchqueren Sie die Stadt mit dem Schwerverkehr Richtung Máximo Gómez;** Zuckerrohrfelder und Plantagen für Südfrüchte begleiten Sie auf dem weiteren Weg nach Colón nach ❺ **Santa Clara → S. 70**, wo sich im **Museo Memorial del Ernesto Che Guevara** Fans aus aller Welt treffen. Zurück in die Kolonialzeit versetzt Sie dann das alte Städtchen ❻ **Remedios → S. 71**; von der Pracht vergangener Tage erzählt z. B. die **La Casona Cueto**, ein Kolonialpalast, in dem heute ein Hotel untergebracht ist. Übernachten wollen Sie aber sicher lieber am Strand, **also fahren Sie weiter über den Damm nach** ❼ **Cayo Las Brujas → S. 71**, und checken Sie für zwei Nächte in der **Villa Las Brujas** ein.

Entdecken Sie danach die wenig bekannte küstennahe Strecke von Caribarién nach ❽ **Yaguajay**, und werfen Sie dort im **Museo Nacional Camilo Cienfuegos** (Di–Sa 8–16, So 9–13 Uhr | Eintritt 1 CUC) einen Blick auf das Denkmal für den auf mysteriöse Weise verschwundenen Revolutionär Camilo Cienfuegos, bevor Sie weiter nach **Morón → S. 69** fahren, das Tor zu den ❾ **Jardines del Rey → S. 68**, die Sie über einen Damm erreichen. Genießen Sie einen Tag (zwei Nächte) Urlaub auf **Cayo Guillermo** im Strandhotel **Allegro Club Cayo Guillermo → S. 69** – mit ausgiebigem Baden und Schnorcheln an der schönen **Playa Pilar**.

Denn danach kehren Sie der Küste den Rücken zu und sehen sich das verwinkelte ❿ **Camagüey → S. 63** im Herzen Kubas an, wo Sie sich auch in Quartier für die Nacht besorgen. Werfen Sie an der schönen kolonialen **Plaza San Juan de Dios** auch einen Blick auf die Bilder in der Galerie **Jover**, und zählen Sie auf dem Mirador des **Antiguo Hospital de Dios** die vielen Kirchtürme der Stadt.

Wieder auf der Carretera Central Richtung Las Tunas führt eine ausgeschilderte Straße rechts ab in die weite Flussebene des Río Cauto nach ⓫ **Bayamo → S. 85**. Tauchen Sie in den Alltag einer untouristischen kubanischen Stadt ein, und bummeln Sie durch die Laden- und Restaurantmeile der Calle General García, **bevor es dann rechtzeitig vor Einbruch der Dunkelheit via Bartolomé Masó weiter nach** ⓬ **Santo Domingo geht**, wo Sie im Hotel **Villa Santo Domingo → S. 86** einchecken und sich am Abend noch mit einem ortskundigen Guide (20 CUC, 5 CUC Kamera) für die morgige Wanderung zur Comandancia de la Plata verabreden können.

Tief im Südosten: Straßenszene in Santiago de Cuba

TAG 8

7 km

⓭ Comandancia de la Plata

71,5 km

⓮ Bayamo

108 km

⓯ El Cobre

Je früher am Morgen Sie mit der Wanderung beginnen, desto mehr Vögel und kleine Tiere werden Sie zu hören und zu sehen bekommen. Üblich ist 7 Uhr als Startzeitpunkt; das Frühstück im Hotel wird entsprechend früh serviert. **Danach passieren Sie die Nationalparkschranke (gleich neben dem Hotel), um die steilste Straße Kubas (Steigung fast 45°) zu überwinden und ins 5 km entfernte Alto de Naranjo zu kommen,** wo die eigentliche Wanderung beginnt. Wenn es Ihnen zu heikel ist, selbst zu fahren, finden sich an der Schranke immer Kubaner, die Sie hinauffahren. **Knapp eine Stunde geht es dann über einen steinigen und zum Teil rutschigen Pfad** bis zum Haus von Oswaldo Medina – eine gute Übung für die zweite, etwas abenteuerlichere, denn zum Schluss steilere Etappe (feste Schuhe!) bis zur ⓭ **Comandancia de la Plata → S. 86**. Die folgende Erkundung des ehemaligen Rebellenlagers ist dagegen ein gemütlicher Spaziergang. Der Ausflug endet gegen 13, 14 Uhr.

Auf der Weiterfahrt von Santo Domingo stärken Sie sich im nahen ⓮ **Bayamo**, z. B. im Restaurant **San Salvador** *(tgl. 12–23 Uhr | C/ A. Maceo 107/zw. Martí/Marmol | Tel. (23) 42 69 41 | €–€€)* **und steuern dann via Contramaestre und Palma Soriano** ⓯ **El Cobre → S. 86 an.** Hier besich-

ERLEBNISTOUREN

tigen Sie das Gotteshaus von Kubas Schutzheiliger Virgen de la Caridad. „Swinging" ⑯ **Santiago de Cuba → S. 80** ist nun schon ganz nah und ausgeschildert. Am besten checken Sie dort im **Meliá Santiago de Cuba → S. 84** ein oder gegenüber im einfacheren **Islazul Las Americas** *(70 Zi. | Av. de Las Américas y General Cebreco | Tel. (22) 64 20 11 | www. cubaweb.cu | €€)*; beide Hotels bieten sichere Parkplätze und liegen nahe der Auffahrt zur Autopista 1. Ein Muss in Kubas Hauptstadt der Musik ist abends der Besuch der **Casa de la Trova → S. 85**, wo Sie das musikalische Genie Santiagos erleben können.

Sie haben am Parque Céspedes in Santiago den Balkon gesehen, auf dem Fidel Castro den Sieg der Revolution verkündete? Folgen Sie den Spuren der Castro-Brüder nun ins Hinterland. **Sie verlassen Santiago über die Autopista 1 und zweigen rechts Richtung Julio A. Mella ab. Kurz vor Loinaz Hechevarría führt eine Bergstraße hinauf nach** ⑰ **Birán → S. 79**. Am Ortsrand breitet sich das feudale väterliche Anwesen der Castro-Brüder aus, die **Finca Mañacas**. Kehren Sie nach deren Besichtigung zurück auf die Straße nach Loinaz Hechevarría, und befahren Sie diese weiter via Barajagua bis nach ⑱ **Holguín → S. 77**, der touristischen Drehscheibe von Kubas Osten. Die schönsten Blicke auf die Provinzmetropole genießen Sie von Ihrem Hotel **Mirador de Mayabe**. Gönnen Sie sich abends ein Essen im Restaurant **1910** *(C/ Mártires 143/zw. Aricocha/Cables | Tel. (24) 42 39 94 | www.1910restaurantebar.com | €€)*.

Am Morgen brechen Sie zur langen Fahrt zurück nach Westen ins romantische Trinidad auf. Das Unesco-Welterbe kündigt sich mit dem Zuckerrohrtal **Valle de los Ingenios → S. 72** und dessen Glockenturm an. In der märchenhaft gut erhaltenen Zuckerstadt ⑲ **Trinidad → S. 72** erwartet Sie dann eine vielfältige neue Gastroszene. Viel Spaß beim Bummeln und Tanzen auf der großen Treppe zur **Casa de Música**! Von der langen Fahrt erholen Sie sich am besten zwei Nächte lang in einer der vielen Privatpensionen *(casas particulares)*.

Die nächste Station ist ⑳ **Cienfuegos → S. 66** auf der Halbinsel Punta Gorda. Neben vielen eleganten Villen steht hier mit dem **Palacio de Valle** Kubas pompösester Palast eines Zuckerbarons. Havanna wäre nun über die Autopista schnell erreicht, **Sie nehmen aber den Umweg über die ländlichen Gemeinden Ariza, Rodas, Yaguaramas, Horqui-**

tas und Playa Girón. Diese Strecke gibt tiefe Einblicke in das Landleben und führt außerdem zur ㉑ **Bahía de Cochinas (Schweinebucht) → S. 61**, die durch die gescheiterte Invasion von 1961 berühmt wurde. Im **Museo de la Intervención** ist das Geschehen dokumentiert. **40 km weiter nordwärts, immer entlang des Sumpfgebiets Ciénaga de Zapata → S. 60, erreichen Sie** ㉒ **La Boca**, wo Sie eine Bootsfahrt über die **Laguna del Tesoro** unternehmen und eine **Krokodilzuchtstation** besuchen können. **Danach sind es dann noch 18 km bis zur A1 und weitere 150 km bis zurück nach** ❶ **Havanna**.

② DER GRÜNE WESTEN: ORCHIDEEN, KORKEICHEN UND KALKRIESEN

START: ❶ Havanna
ZIEL: ❶ Havanna

5 Tage
reine Fahrzeit
8 Stunden

Strecke: 🚗 **440 km**

KOSTEN: ca. 300 Euro für den Guide, Benzin, Eintrittsgelder, Unterkunft für zwei Personen, Essen, Parkplatzgebühr in Palma Rubia, Fähre nach Cayo Levisa plus ca. 250 Euro für den Mietwagen
MITNEHMEN: Wanderschuhe, Picknick, Regenjacke, Sonnenschutz, Wasser, Passkopie, kubanische Pesos für kleine Einkäufe an Frucht- und Imbissständen auf dem Land

ACHTUNG: Ankunft in Palma Rubia für die Fähre nach ❼ **Cayo Levisa** bis 9.30 Uhr. Von Palma Rubia bis Mariel z. T. schlechte Straße! Wanderung im ❻ **Valle de Viñales** ca. 3 Stunden Gehzeit

Der älteste Teil Kubas birgt einzigartige landschaftliche Höhepunkte, allen voran die mystischen Kalksteinberge des Valle de Viñales. Lernen Sie unterwegs Kubas ökologische Oasen kennen und auf dem Rückweg die Trauminsel Cayo Levisa.

Sie verlassen ❶ **Havanna → S. 32** über die Avenida 5 in Miramar, die Calle 146 (Abzweig links zum Centro de las Convenciones) und die Avenidas 25 und 23 und kommen so direkt zur Autobahn *(autopista)* nach Pinar del Río. Nach rund 60 km folgen Sie dem Holzschild, das rechts nach „Las Terrazas" zeigt. Nach kurzer Fahrt bergauf müssen Sie zunächst im Infozentrum (gute Übersichtskarte der Region) 3 CUC Eintrittsgebühr zahlen, dann öffnet sich für

ERLEBNISTOUREN

Sie die *Puerta de las Delicias* zur Weiterfahrt zum Ökotourismuskomplex ❷ **Las Terrazas** → S. 54. Er liegt unübersehbar schön in einem weiten Tal mit See. Wagemutige können sich hier beim **Hotel Moka**, wo Sie die erste Nacht verbringen, auf eine INSIDER TIPP 800 m lange Canopy-Kletterpartie einlassen (25 CUC).

Nur wenige Kilometer weiter breitet sich der grüne Nachbarort ❸ **Soroa** → S. 53 mit seinem berühmten Orchideengarten aus; **die Straße führt danach direkt zurück auf die Autobahn nach Pinar del Río.** Einen kleinen Abstecher lohnt der Bergort ❹ **San Diego de los Baños** → S. 53, wo vis-à-vis vom Hotel **Mirador** ein Thermalbad mit 30–40° warmem Wasser an die Anfänge des Tourismus auf Kuba erinnert. Wieder ein wenig städtischen Trubel bietet am Ende der Autobahn die Provinzhauptstadt ❺ **Pinar del Río** → S. 51, in der es auch Banken und Internetcafés gibt. Schauen Sie sich die liebevoll aufbereitete naturkundliche Sammlung im **Museo de Ciencias Naturales** im Palacio Guash an. Das beste private Restaurant, den **Paladar El Mesón** → S. 52, finden Sie direkt gegenüber.

Von Pinar del Río sind es nur noch knapp 30 km bis ins ❻ **Valle de Viñales** → S. 54, wo Sie zweimal übernachten. Die großartige Kulturlandschaft der *mogotes* genannten

Kalkberge erschließt sich am besten bei einer Wanderung oder einem Ausritt. Einen Guide (3 Stunden: 10 CUC) bekommen Sie im **Centro de Visitantes** bei der Einfahrt ins Valle de Viñales oder im Ort Viñales im **Museo Municipal** *(Mo–Sa 8–22, So 8–16 Uhr | Eintritt 1 CUC | Salvador Cisneros 115 | Tel. (48) 79 33 95 | mogote@pinarte.cult.cu)*. Wer sich in der **Casa Tito Crespo** *(3 Zi. | Las Maravillas 58 | Tel. (48) 79 33 83 | nauryc@princesa.pri.sld.cu | €)* an der Straße nach Puerto Esperanza einquartiert, hat den Gästeführer gleich im Haus: Sohn Diosnel Crespo ist ausgebildeter Führer und erkundet gern weniger ausgetretene Pfade, auch zu Pferd. Die Guides beginnen ihre dreistündigen Ausflüge meist bereits um 7 Uhr morgens, wenn letzte Bodennebel die Mogotes umwabern, die Luft noch frisch ist und die Blüte der *Varita de San José* noch weiß leuchtet (abends wird sie rosa). Über rote Erde geht es bei schnell aufsteigender Sonne vorbei an Tabakfeldern zu den einfachen Höfen der Tabakbauern und über schmale Pfade am Fuß hoch aufragender Kalkriesen. Man lernt viel über traditionelle Agrarpflanzen wie Mais (oft im Mischanbau mit Bohnen), Süßkartoffeln oder Ananas, über tropische Büsche und Bäume wie den Kalebassen- oder Sandbüchsenbaum und einheimische Pflanzen wie die *Ceibón de la Sierra de los Órganos*. Nur die berühmte endemische Korkeiche ist inzwischen so selten, dass sie nur noch im Museum (s. o.) zu sehen ist.

Die Mogotes genannten Kalkberge säumen das Tabaktal Valle de Viñales

ERLEBNISTOUREN

Ein Badetag würde die Route nun rund machen? Dann buchen Sie bei **Infotur** *(tgl. 8–20 Uhr | C/ Salvador Cisneros 63 B | Tel. (48) 79 62 63 | www.infotur.cu)* oder bei einer Hotelagentur eine Übernachtung in der **Villa Cayo Levisa** und fahren am nächsten Morgen spätestens um 8 Uhr los, um rechtzeitig um 9.30 Uhr am Fährhafen Palma Rubia zu sein. Auf der Insel ❼ **Cayo Levisa → S. 55** erwarten Sie ein herrlicher Strand und ein großartiges Tauchrevier. So können Sie sich später erholt auf die **Rückfahrt auf der Carretera Panamericana über Bahía Honda und den neuen Containerhafen Mariel (Boca) nach ❶ Havanna** machen.

③ ZU DEN CAYOS UND PLAYAS AN DER NORDKÜSTE

START: ❶ Playa Santa Lucía **ZIEL:** ❶ Playa Santa Lucía	**4 Tage** reine Fahrzeit 12 Stunden
Strecke: 🕐 **680 km**	

KOSTEN: ca. 250 Euro für Benzin, Unterkunft, Essen und Überfahrt auf dem *pedraplén* plus ca. 200 Euro für Mietwagen
MITNEHMEN: Fernglas, Badesachen, Sonnenschutz, Trinkwasser, kubanische Pesos für Einkäufe an Frucht- und Imbissständen in der Provinz

ACHTUNG: Pass(kopie) und 4 CUC für die Überfahrt auf dem Damm nicht vergessen.

Diese Route ist für Unternehmungslustige gedacht, die in die benachbarten Ferienparadiese hineinschnuppern wollen. Wenn Sie in Playa Santa Lucía Urlaub machen, besuchen Sie Cayo Coco und Cayo Guillermo oder eben umgekehrt. Auf dem Rückweg lernen Sie gleich Camagüey kennen.

Sie machen Urlaub in Playa Santa Lucía → S. 65? Dann reservieren Sie sich zunächst für die folgenden zwei Nächte ein Zimmer im **Motel Jardín los Cocos** *(24 Zi. | Ensenada Bautista | Tel. (33) 30 81 31 | www.islazul.cu | €)*, damit Sie am Ziel nicht ohne Unterkunft sind. Für die gleiche Tour in umgekehrter Fahrtrichtung – wenn Sie also Urlaub auf Cayo Coco → S. 68 machen – reservieren Sie sich in Playa Santa Lucía am besten ein Zimmer in der *casa particular* INSIDERTIPP **Yoannis & Nero** *(2 Zi. | Tel. 0 52 96 52 94 | yriveroo@hotmail.fr | €)* am Ortseingang, und folgen Sie

dann der unten gegebenen Wegbeschreibung einfach in umgekehrter Reihenfolge.

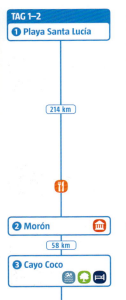

TAG 1–2
① Playa Santa Lucía

214 km

② Morón

58 km

③ Cayo Coco

Der Ausflug führt von ① **Playa Santa Lucía** südlich in Richtung Camagüey, **aber nach ca. 44 km, nach Überqueren der Kreuzung nach Camalote, biegen Sie rechts in die weitschwingende Abzweigung nach San Miguel de Bagá und Nuevitas ein. Am folgenden *punto de control* (40 km/h) fahren Sie dann geradeaus weiter.** Sie befinden sich jetzt auf der wenig befahrenen küstennahen Straße, die über Sola und Esmeralda nach Morón führt. Kühe, Zuckerrohr- und Bananenfelder sind hier Ihre einzigen Begleiter, Bahnübergänge erinnern an die frühere Bedeutung der Region als Zuckerrohrland, zum Trocknen ausgelegter Reis weist auf Pflanzungen im Hinterland hin. Darüber spannt sich ein hoher karibischer Himmel. Kurz vor Morón lädt der einfache **Parador Batán** *(24 Std. geöffnet, Zahlungsmittel kubanische Pesos)* zur Rast ein.

② **Morón → S. 69** ist ein hübsches Landstädtchen mit einem sehenswerten alten Bahnhofsgebäude. Von hier aus ist nach ca. 20 Minuten Fahrt die Schranke zum *pedraplén*, dem 17 km langen Damm nach ③ **Cayo Coco → S. 68**, erreicht. **Hier müssen Sie sich mit Ihrem Reisepass als Tourist ausweisen und 2 CUC Maut pro Person zahlen (bei**

ERLEBNISTOUREN

Karibisches Strandfeeling auf Cayo Guillermo

der Rückkehr ebenfalls). Genießen Sie die Fahrt über den Damm; häufig ziehen Schwärme von rosa Flamingos vorüber oder stehen links und rechts vom Damm im Wasser. Beim hübsch mit Palmblättern gedeckten Informationsstand wird (meistens) eine Karte mit dem Lageplan der Hotels auf den Inseln verkauft – damit finden Sie die zugänglichen Strände leichter. Der schönste liegt ganz am Ende von ❹ **Cayo Guillermo**, das seinerseits durch einen befahrbaren Damm mit Cayo Coco verbunden ist: die **Playa Pilar** (mit Restaurant). Abgesehen von dem traumhaft klaren Wasser und dem puderfeinen, weißen Sandstrand locken hier ein Ausflug mit dem Katamaran zur vorgelagerten Insel **Media Luna** (5 CUC) sowie ein Tauchtripp zum farbenprächtigen Korallenriff (noch einmal 3 CUC zusätzlich); ein Liegestuhl am Strand kostet 1 CUC pro Tag.

Kehren Sie nach diesem Besuch auf der **Jardines del Rey** → **S. 68** genannten Inselgruppe nicht auf demselben Weg nach Playa Santa Lucia zurück, **sondern fahren Sie via Morón hinunter bis Ciego de Ávila und dort links auf die Carretera Central.** Im kleinen Ort ❺ **Florida** lädt die einfache Cafeteria **Caney** zur Rast und Stärkung ein, denn die Einfahrt nach ❻ **Camagüey** → **S. 63** erfordert Ihre ganze Konzentration. **Folgen Sie dort den Wegweisern in die Altstadt und zur Plaza San Juan de Dios.** Nur zwei Ecken

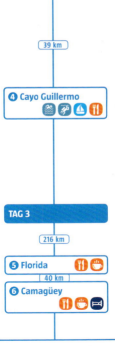

weiter, in der Calle Lugareño 121 (zwischen San Rafael und San Clemente), liegt dann Ihr Quartier: die **Casa Austria → S. 65**, erkennbar an den gehissten Fahnen vor dem Eingang. Der sympathische Gastgeber Josef Leopold stammt aus dem Salzburger Land und ist in seiner kubanischen Wahlheimat eine bekannte Persönlichkeit: Als Jurist vertrat er schon den örtlichen Schriftstellerverband. Mit seiner Zuckerbäckerei im **Café Sissi** und dem angeschlossenen Patio-Restaurant (erstklassiges Gulasch!) bereichert er dazu die gastronomische Szene der Stadt.

TAG 4

[117 km]

❶ Playa Santa Lucía

Um nach dem Stadtbesuch zurück nach ❶ **Playa Santa Lucía** zu kommen, **verlassen Sie Camagüey Richtung Nordosten über die Avenida Carlos J. Finlay.** Auf halbem Weg nach Playa Santa Lucia passieren Sie den 24 Stunden geöffneten **Parador Santa Isabel** mit den Ruinen einer Zuckerfabrik.

---

❹ DEN ANFÄNGEN AUF DER SPUR: RUNDREISE AB COSTA ESMERALDA

START: ❶ Holguín ZIEL: ❶ Holguín	6 Tage reine Fahrzeit 14 Stunden
Strecke: 🚗 800 km	

KOSTEN: ca. 400 Euro für Benzin, Unterkunft, Essen, Eintrittsgelder, Guide für die Wanderung, plus ca. 300 Euro für den Mietwagen
MITNEHMEN: Badesachen, Picknick, Regenjacke, Sonnenschutz, Wasser, gutes Schuhwerk, Passkopie, kubanische Pesos für Einkäufe

ACHTUNG: Von Baracoa bis Moa 70 km sehr schlechte Straße (nur Schritttempo möglich); ratsam ist ein Mietwagen mit Allradantrieb. Wanderung auf den Berg El Yunque bei ❺ **Baracoa** 8 Std. Gehzeit

---

Auf den Spuren von Fidel Castro, des Eroberers Velázquez und der Taíno erforschen Sie den Osten Kubas und müssen dabei zwei Herausforderungen bewältigen: die Fahrt auf einer grottenschlechten, aber landschaftlich wunderschönen Küstenstraße und die Wanderung auf den El Yunque.

TAG 1–2

❶ Holguín

Da Sie vermutlich in einem Ferienresort der Costa Esmeralda untergebracht sind, beginnen Sie die Tour in ❶ **Holguín → S. 77**, der Stadt vor Ihrer Haustür. **Die Carretera de Mayarí (123) bringt Sie von dort nach Barajagua, wo rechts**

ERLEBNISTOUREN

die Straße nach Loynaz Hecheverría abzweigt. Folgen Sie hinter dem Ort der ausgeschilderten Zufahrt hinauf nach ❷ **Birán** → S. 79. Den Eingang zur väterlichen **Finca Mañacas**, auf der Fidel und Raúl Castro aufwuchsen, sehen Sie nach der Ortsdurchfahrt. **Nach der Besichtigung der Finca erreichen Sie über Mella die A1 und auf dieser schließlich in insgesamt etwa einer Stunde** ❸ **Santiago de Cuba** → S. 80. Hier ist Fidel Castro zur Schule gegangen; in einem Gang gleich hinter dem Eingang des ehemaligen **Jesuitenkollegs** *(tgl. 8–20 Uhr | Spende 1 CUC)*, das rechts neben der Kirche Dolores an der Plaza de Dolores liegt, ist er auf alten Fotos zu sehen. Gewohnt hat er damals bei einer haitianischen Familie in der Calle General Jesús Rabí Nr. 6 im alten französischen Immigrantenviertel Tivoli. Dieser Straße setzte Matthias Politycki in seinem lesenswerten Roman „Herr der Hörner" ein Denkmal; der Autor schrieb das Buch in der Casa de Tivoli Nr. 107. Auf dem Weg in diese legendäre Straße passieren Sie den zentralen **Parque Céspedes**. Auf dem blauen Balkon am Rathaus verkündete Fidel Castro am Abend des 1. Januar 1959 den Sieg der Revolution. Schräg gegenüber beschwören maurische Lüftungsgitter an der **Casa de Velázquez** → S. 81, dem ältesten Haus Kubas, die tiefste Kolonialzeit. Der Eroberer und erste Gouverneur Kubas, Diego Velázquez de Cuéllar, starb hier 1524. Um sich die Stadt in Ruhe anschauen zu können

und auch noch ein Tänzchen in der berühmten Musikkneipe **Casa de la Trova** zu wagen, bleiben Sie unbedingt zwei Nächte in Santiago.

TAG 3–4

86 km

❹ Guantánamo

Am Morgen verlassen Sie Santiago de Cuba auf der A1, um dann nach wenigen Kilometern auf die Landstraße nach El Cristo, Alto Songo und La Maya abzubiegen. So kommen Sie auf die Autobahn nach ❹ Guantánamo → S. 77, das Sie, den Schildern Richtung Baracoa folgend, umfahren. Nach ca. 25 km passieren Sie die Straße zum **Mirador de los Malones**, wo man auf die US-Militärbasis schauen konnte, bis die Zufahrt gesperrt wurde. Sollte die Schranke noch geschlossen sein, genießen Sie einfach die weitere Fahrt an der Karibikküste, **bis die Straße nach Baracoa links in die Berge abbiegt und über die kurvenreiche Passstraße Farola führt.** Unterwegs wird mehrfach die regionale Spezialität *cucurucho* angeboten: eine süße Leckerei aus Kokosnuss, Guave, Ananas, Orange und Zucker, die in Palmblättern kegelförmig gewickelt wird. Die Farola endet in ❺ **Baracoa → S. 75**, das malerisch vom El Yunque (575 m) überragt wird. Als Diego de Velázquez hier landete und die Stadt gründete (1511), war der markante Tafelberg noch ein indianischer Kultplatz. Oben zu stehen, ist ein überwältigendes Erlebnis, das mit einem vierstündigen Aufstieg über teilweise steile, urwaldähnliche Pfade erkauft werden muss. Buchung bei **Cubatur** *(C/ Antonio Maceo 181 | 20 CUC, mind. 2 Pers.)*. Wenn Ihnen die Wanderung zu anstrengend ist, tauchen Sie auf jeden Fall in die familiäre Atmosphäre der ältesten Stadt Kubas ein, studieren Sie alte Fotografieren indianischer Gesichter im kleinen **Museo Municipal** in der **Fortaleza Matachín**, besuchen Sie die Karsthöhle **Cueva del Paraíso** und die **Casa del Cacao**, wo Sie die gute Schokolade der Region kosten können. Eine noch von Che Guevara 1963 gegründete Schokoladenfabrik steht am Ortsausgang von Baracoa Richtung Moa. Wer beim Übernachten auf Strand nicht verzichten mag: An Kilometer 22 liegt idyllisch an eigenem Strand das Hotel **Villa Maguana**.

168 km

❺ Baracoa

TAG 5

203 km

Die Weiterfahrt nach Moa ist leider ziemlich schwierig, aber trotzdem lohnend. **70 km können Sie wegen der schlechten Straße nur hoch konzentriert im Schritttempo fahren;** schöne Ausblicke auf Buchten, Flussmündungen und Kegelberge sowie kleine Pausen, z. B. am Eingang zum **Humboldt-Nationalpark → S. 77**, versüßen jedoch die Anstrengung (für den Fahrer). Kurz vor Moa haben Sie es

ERLEBNISTOUREN

Der Humboldt-Nationalpark schützt ein großes Areal karibischen Regenwalds

dann geschafft: **Ab hier fahren Sie wieder auf einer guten Straße weiter entlang der buchtenreichen Küste bis zur Abzweigung zum ❻ Cayo Saetía → S. 79**. Hier quartieren Sie sich für eine Nacht im **Hotel Villa Cayo Saetía** ein, damit Sie genug Zeit haben, den schönen Strand samt Bad im Meer zu genießen und vielleicht noch auf INSIDER TIPP Safari zu den auf der Insel lebenden Straußen und Antilopen zu gehen.

Gegen Ende der Rundtour begegnen Sie noch einmal Fidel Castro, denn in der Kirche in ❼ **Banes → S. 78** heiratete er damals durchaus standesgemäß als Sohn des Großgrundbesitzers Ángel Castro Argiz aus Birán 1948 die Tochter des Bürgermeisters (sie gebar ihm 1949 Fidelito, seinen ersten Sohn). Der ebenfalls aus Banes stammende Diktator Fulgencio Batista gratulierte dem Paar damals mit einem Geschenk. 1955, nach Castros Wandlung zum schärfsten Kritiker Batistas, wurde die Ehe geschieden. Im nahen **Museo Indocubano Baní** können Sie sich von der großen archäologischen Bedeutung der Region überzeugen und eine winzige goldene Taíno-Schönheit bewundern. Von hier ist es wiederum nicht weit bis zum **Museo Chorro de Maíta**, wo Reste des angeblich größten Indianerfriedhofs der Insel zu sehen sind. Gegenüber liegt das künstliche Indianerdorf **Aldea Taína**. Beides liegt an der Strecke nach Guardalavaca, der Urzelle der Costa Esmeralda. **Gute Straßen bringen Sie zurück nach ❶ Holguín**.

SPORT & WELLNESS

Kuba hat sich auf die sportlichen Bedürfnisse seiner Gäste eingestellt. Die Küsten säumen gut ausgerüstete Yachthäfen, von denen auch Katamarane und Motorboote zu Angel-, und Ausflugsfahrten starten. Die Nationalparks sind von Wanderwegen durchzogen.

Staatliche Reiseagenturen bieten Exkursionen zu Fuß, zu Pferd oder mit dem Fahrrad an, in den Nationalparks auch Trekking. Golfer schätzen den 18-Loch-Platz von Varadero, den bislang noch einzigen dieser Größe. Immer mehr Hotels haben sich auch auf die gestiegene Nachfrage nach Wellness-Angeboten eingestellt. Tennisspieler können sich auf den vielen Plätzen der Hotels austoben. Vor allem aber wartet Kuba mit phantastischen Tauchgründen auf.

ANGELN

Der Fischreichtum in der Florida-Straße ist legendär. Die besten Zeiten für Hobbyangler sind die Monate Mai bis Dezember. Ausflüge dauern 4–8 Stunden und kosten 280–450 CUC. Angeboten werden sie in den gut ausgerüsteten Yachthäfen, z. B. in Havannas *Marina Hemingway,* in der *Marina Tarara (Playas del Este)*, der *Marina Cayo Guillermo* sowie im Süden in den *Marinas Cienfuegos* und *Cayo Largo*. Mehr Infos: *www.nauticamarlin.com.* Süßwasserangler treffen sich – außer zur Schonzeit im Juni – an der Laguna de Leche bei Morón, am Zaza- oder Hanabanilla-Stausee. Die Lizenz kostet 20 CUC. Buchung in den Cubatur-Reisebüros.

Bild: Surfer am Strand von Guardalavaca

Wassersportler und andere Naturfreunde erwartet das pure Paradies in Badeorten, Gebirgen und zwischen 1001 Inseln

FAHRRAD FAHREN

In Kuba, wo der Drahtesel häufig noch das unerschwingliche Auto ersetzen muss, radeln Sie eigentlich immer in Gesellschaft: Deshalb machen Radtouren großen Spaß! Längere Touren bucht man allerdings besser bereits zu Hause bei einem Spezialveranstalter (s. S. 119). Auch INSIDERTIPP viele Privatvermieter verleihen inzwischen Fahrräder *(4–7 CUC/Tag)* an ihre Gäste, fragen Sie in Ihren Unterkünften nach!

GOLF

Sehr schön liegt der 18-Loch-Golfplatz (72 par) von Varadero: *Varadero Golf Club (Av. Las Américas | Tel. 045 66 84 82 | www.varaderogolfclub.com)*. Er breitet sich im Osten der Halbinsel zwischen der Strandstraße Las Morlas und der Avenida Las Américas an der Lagune aus. Das Bespielen von 18 Loch kostet 70 CUC (ohne Golf-Car-Miete und Spieltasche). Daneben gibt es *Diplo-Golf (Ctra. de Vento, km 8 | Capdevila | Tel. 78 45 45 78 | Green-*

fee 20 CUC), einen 1920 von heimwehkranken Briten angelegten 9-Loch-Golfplatz, der auch Besucher zulässt. Er liegt ca. 13 km von Vedado entfernt und wird auch „El Golfito" genannt.

SEGELN

Yachthäfen mit Liegeplätzen oder Möglichkeiten, Boote zu mieten, gibt es u. a. in Havanna, Varadero und Cienfuegos *(Info unter www.nauticamarlin. com | www.gaviota-grupo.com).* Bei einer Einreise über den Seeweg muss sich die Besatzung mit den Hafenbehörden in Verbindung setzen, noch bevor die Hoheitsgewässer erreicht werden (zwölf Seemeilen). Hierfür sind die HF-Kanäle (SSB) 2760 (Nationales Küstennetz) und 2790 (Tourismusnetz) oder die VHF-Kanäle 68 für das Nationale Küstennetz und 16 für das Tourismusnetz zu nutzen. Hilfreich: *Das Küstenhandbuch Kuba (www. delius-klasing.de).*

TANZEN

Wer kubanischen Son, Cha-Cha-Cha oder Salsa tanzen lernen will, kann einen Kurs bereits zu Hause bei einem Spezialveranstalter (s. S. 119) buchen oder vor Ort z. B. in der *abc academia baile en cuba* (s. S. 58) in Varadero belegen. Salsaunterricht bieten außerdem fast alle Ferienresorts in ihren Programmen an.

TAUCHEN

★ *Kubas Tauchgebiete* sind eine Klasse für sich. Freuen Sie sich auf intakte Unterwasserwelten und sauberes Wasser mit Sichtweiten bis zu 40 m. Hier eine Übersicht der besten Spots:
Cayo Largo: Höhlen, Grotten, Drop-offs mit tollen Korallen. Eine Tauchschule finden Sie an der Playa Sirena.
Faro Luna/Cienfuegos: Highlight sind die vielen Unterwasser-Canyons in unmittelbarer Nähe der Tauchbasis.

Eine besondere Attraktion für erfahrene Taucher ist das Wracktauchen

SPORT & WELLNESS

Guardalavaca/Playas Esmeralda/Pesquero: Tauchen in Tiefen zwischen 5 und 40 m nahe des Bahamas-Kanals. Überall Höhlen, Grotten und Korallentäler.

Isla de la Juventud: Das Tauchgebiet mit den meisten Tauchspots auf Kuba (56) liegt 13–20 Seemeilen vom Hotel Colony entfernt.

Jardines del Rey: Korallengärten mit Weich- und Steinkorallen, Grotten, Höhlen, Canyons, Spalten und Wracks, alles in superklarem Wasser (mit Sichtweiten um die 40 m) mit ungewöhnlich vielen Fischen, auch ehrfurchtgebietenden Walhaien: ein wahres Paradies für (erfahrene) Rifftaucher.

Marea del Portillo: Tauch- und Schnorchelgebiet mit 16 Spots, darunter ganze Wälder der seltenen schwarzen Koralle.

María La Gorda: Die küstennahen Tauchplätze (15–30 Bootsminuten) liegen am Außenriff, das bis auf 2500 m Tiefe abfällt. Wegen der schwachen Strömungen auch ein gutes Revier für Anfänger. Sichtweiten oft über 40 m!

Playa Santa Lucía: Zwischen November und Mai sind hier besonders viele Fische zu sehen, dafür ist die See in der restlichen Zeit weniger stürmisch. Attraktion ist die **INSIDER TIPP** Fütterung von Haien (Bullsharks).

Santiago de Cuba: Über 23 Tauchspots mit herrlichen Tunneln, Steilwänden und Korallenbergen.

Varadero: Korallenriffe, Höhlen und Wracks – insgesamt erwarten Sie rund um die Strandhalbinsel mit den großen Touristenhotels 30 Tauchspots.

Preise: Ein Tauchgang kostet ab 30, Leihausrüstung ab 10 und ein Kurs ab 310 CUC. Schnorchler können an etlichen öffentlichen Badestränden stundenweise für ein paar CUC Schwimmflossen und Taucherbrillen ausleihen, z. B. auf Cayo Jutiás und an der Playa Pilar auf Cayo Guillermo.

Umfangreiche Tauchreisenprogramme für Kuba bieten auch *Nautilus Tauchreisen (Tel. 08143 9 31 00 | www.nautilus-tauchreisen.de)* in Inning/Ammersee.

TREKKING

Einmal über den Pico Turquino wandern oder durch den Humboldt-Nationalpark, durch die Wälder um Topes de Collantes oder von Las Terrazas streifen … Allein sollte man sich allerdings nie auf den Weg machen, immer nur in der Gruppe. In den Nationalparks muss sogar ein staatlich anerkannter Fremdenführer dabei sein (Anmeldung und Buchung über die örtlichen Infozentren oder Agenturen). Mehr Informationen bei *Ecotur (cubanaturetravel.com)*.

WELLNESS

Dass das Wellnessangebot im Land der bärtigen Revolutionäre noch etwas unterentwickelt ist, verwundert wenig – obwohl Kubas erster Kurort ein Thermalbad war: *San Diego de los Baños* (s. S. 53). Inzwischen renoviert, erfüllt es eher einfache kubanische Ansprüche. Anders die Wellnessangebote ausländischer Hotelinvestoren. Hier bürgt der Zusatz „Spa" meist für internationales Niveau, z. B. im *YHI Spa* im *Paradisus Río de Oro & Spa* (s. S. 80) in Playa Esmeralda oder im exklusiven *Cayo Ensenachos* (s. S. 71).

WINDSURFEN

Gute bis sehr gute Windbedingungen bieten die Strände von Guardalavaca, Playa Santa Lucía und Varadero (durchschnittlich 2–6 Beaufort). In allen All-Inclusive-Hotels mit großem Sportprogramm werden Grundkurse angeboten und Leihausrüstungen zur Verfügung gestellt.

MIT KINDERN UNTERWEGS

Es ist noch nicht lange her, da konnte man in Kuba auf großen Schildern an der Straße lesen: „200 Millionen Kinder schlafen heute auf der Straße. Keines davon ist Kubaner." Ein stolzer Satz, der – bei aller Propaganda – klar macht: Gleich welcher Herkunft und Hautfarbe, hier kümmert man sich um alle Kinder. Und daran hat sich nichts geändert.

Wer Lateinamerika ein wenig kennt, der weiß, dass Kuba in diesem Punkt das fortschrittlichste Land des Halbkontinents ist. Sie werden also einer Ernsthaftigkeit im Umgang mit Kindern begegnen, die weit über sentimentale Liebe hinausgeht. Bei fast allen Freizeitangeboten ist auch immer Pädagogik im Spiel. Für Europäer ist das nichts Ungewohntes, fühlen Sie sich also wie zu Hause. Nur in einem unterscheidet sich Kuba enorm: Hier muss häufig die Phantasie den Mangel an Spielzeug beheben. Aber das muss ja nicht die schlechteste Erfahrung sein – vielleicht heilt sie ja sogar ein wenig vom heimatlichen Konsumtrip.

HAVANNA

ACUARIO NACIONAL (130 A2) (*D2*)
Großer Wassererlebnispark, natürlich auch mit Delfinen, die bei Shows in Aktion treten. *Av. 3ra/62 | Miramar | www.lahabana.com/acuario | Di–So 10–18 Uhr | Eintritt 10, Kinder 7 CUC*

ISLA DEL COCO ● (130 A2) (*D2*)
Aparatos aus China wie die *Montaña Rusa* (Achterbahn), Schaukeln und

Bild: Familienszene im Parque Céspedes, Santiago de Cuba

Löwen vor dem Autofenster, Indianer, Dinos, Krokodile, Höhlenabenteuer – und immer wieder „Flipper" in Aktion

Rutschbahnen und vieles mehr sorgen auf diesem Spiel- und Vergnügungsplatz in der Hauptstadt für hohes Spaßpotential und interkulturelle Begegnungen. *5a Av./C/ 112 | Miramar | Fr–So 12–20 Uhr | Eintritt 1 Peso*

JARDÍN ZOO DE LA HABANA
(130 A2) (*D2*)
Rundfahrten mit der Minieisenbahn oder der Pferdekutsche, ein Spielplatz, Ponyreiten, ein Museum und natürlich auch echte Tiere wie u. a. Löwen, Zebras, Schimpansen und Nilpferde sorgen im alten Zoo von Havanna für allerlei preiswerte Kurzweil. *Av. 26/Av. Zoológico | Di–So 9–17.30 Uhr | Eintritt 2, Kinder bis 12 Jahre 1 CUC*

PARQUE LENÍN (130 A2) (*D2*)
In dem 7,5 km² großen, heute etwas verwilderten Park im Süden Havannas gibt es für Kinder viel zu entdecken: den *Parque Zoológico Nacional (Mi–So 10–15 Uhr | Eintritt 3, Kinder 2 CUC)* INSIDERTIPP mit Ponyreiten und Strei-

Kubanische Kinder kennen sich aus: Das sind Kakaofrüchte

chelzoo, den *Jardín Botánico Nacional (Mi–So 10–16 Uhr | Eintritt 3, Kinder 2 CUC)* mit vielen exotischen Pflanzen und dem Japanischem Garten sowie den Vergnügungspark *Parque Mariposa (Do–So 10–17 Uhr | Eintritt 2 Pesos)*. Zufahrt über die Av. de Independencia und Av. de San Francisco (ausgeschildert)

DER WESTEN

LA BOCA/GUAMÁ
(130 B–C3) (*E–F3*)

Auf der *Krokodilfarm (tgl. 9.30–17 Uhr | Eintritt 5 CUC)* in *La Boca* zeigen wagemutige Krokodilbändiger ihre Künste und tummeln sich riesige einheimische Rautenkrokodile – hinter Gittern, versteht sich. Und die 32 lebensnah gestalteten Indianerskulpturen von Rita Longa in *Guamá* sind für Kinder wie geschaffen. *Abfahrten in La Boca | 12 CUC, Kinder 5 CUC | Peninsula de Zapata*

BOOTSFAHRT AUF DEM RÍO CANIMAR
(130 C2) (*F2*)

Im *Parque Turístico Canimar* unterhalb der Brücke startet tgl. um 12 Uhr ein Boot zur 45-min. Fahrt auf dem Río Canimar zur Uferranch *La Arboleda*. Dort gibt es Mittagessen; danach bleibt freie Zeit, z. B. für Ausritte oder kleine Ausflüge mit dem Ruderboot, bis es um 16.30 Uhr wieder zurückgeht. *Ctra. Varadero–Matanzas | Tel. (45) 26 15 16 | Erwachsene 45, Kinder 22,50 CUC*

CUEVA DEL INDIO (128 C3) (*C2*)

Ein Höhlenabenteuer: Hier geht's zu Fuß 250 m tief in den Berg hinein, dann mit dem Boot weiter und auf der anderen Seite wieder hinaus. *Valle de Viñales | tgl. 9–17.30 Uhr | 5 CUC, Kinder bis 10 J. frei*

CUEVAS DE BELLAMAR
(130 B2) (*E2*)

Hier liegt unter ebener Erdoberfläche die wohl größte Höhle Kubas. Sie soll über 11 km lang sein, genaue Maße kennt man nicht; aber die bis zu 12 m hohen Stalagmiten, die man in Besucherteil zu sehen bekommt, sind beeindruckend. *Ctra. a la Cuevas | Matanzas | tgl. 9–17 Uhr | Eintritt 8 CUC, Kinder bis 12 J. 6 CUC*

DELFINARIO (130 C2) (*F2*)

Ein Dutzend Delfine beglücken hier mit ihren Künsten und ihrer Zutraulichkeit. *Ctra. Las Morlas, km 12,5 | Varadero | tgl. 9–17 Uhr | Eintritt mit Show Erw. 15, Kinder 5 CUC, Show und Schwimmen mit Delfinen Erw. 93 , Kinder 73 CUC, Foto mit Delfin 10 CUC, Video 35 CUC*

MIT KINDERN UNTERWEGS

MUSEO PROVINCIAL (130 B2) (*m E2*)
Die Hauptattraktion des Museums muss unter der Lupe betrachtet werden: **INSIDER TIPP** zwei präparierte Flöhe in Kleidern. Außerdem gibt's noch eine 130 Jahre alte Mumie und andere Kuriositäten. *C/ Magdalena/Milanés | Matanzas | Di–Sa 9.30–12 und 13–17, So 9–12 Uhr | Eintritt 2 CUC*

DIE MITTE

JUNGLE TOUR (132 C1) (*m J2–3*)
Die aufregende Entdeckungsfahrt führt mit dem Motorboot durch den von vielen Tieren bewohnten dichten Mangrovendschungel von Cayo Guillermo. Das ist nicht nur für Kinder spannend! *Marina Cayo Guillermo | Erwachsene 39, Kinder 19,50 CUC*

KALEIDOSKOP MORÓN
(132 C2) (*m J3*)
Mit der alten Dampflok geht es durch Zuckerrohrfelder, mit der Pferdekutsche durch Morón und mit dem Boot auf die Laguna de Leche: ein abwechslungsreicher Tagesausflug, der in Erinnerung bleibt. Höhepunkt ist der Besuch der Krokodilfarm *La Rosa. Reservierung in den Hotels oder über Tel. (33) 30 12 15 | Erwachsene 65, Kinder 48 CUC*

DER OSTEN

ACUARIO CAYO NARANJO
(134 C3) (*m N4–5*)
Schon die Anfahrt macht Laune, denn die Bassins für Delfine und andere Meerestiere liegen in der Bucht Naranjo auf einer Insel, auf die man nur mit dem Boot kommt. Die größte Attraktion ist das Schwimmen mit Delfinen. *Ctra. Guardalavaca, km 48 | tgl. 9–16.30 Uhr | Eintritt inkl. Bootstransfer 50, Kinder 25 CUC, mit Delfinschwimmen 108 bzw. 25 CUC*

ALDEA TAÍNA (134 C3) (*m N5*)
Mit Kriegsbemalung, Lendenschurz und Stirnband um die langen schwarzen Haare sehen die „Indianer" ganz schön echt aus, die hier für Gruppen (ab 10 Pers.) ihre Tänze aufführen. Im Hotel fragen, ob genug Interessenten da sind. *Ctra. a Banes | tgl. 9–16 Uhr | Eintritt ins Dorf 5 CUC*

VALLE DE LA PREHISTORIA
(135 D5) (*m O5*)
Mammuts, Säbelzahntiger, Tyrannosaurus Rex – Dinofans kommen im prähistorischen Tal nicht aus dem Staunen heraus. Alle 227 Figuren sind lebensgroß. *Ctra. a Baconao, km 6,5 | tgl. 8–17 Uhr | Eintritt 1, Kinder 0,50 CUC*

Verwunschen: Eingang zur Cueva del Indio

EVENTS, FESTE & MEHR

Kuba feiert gern mit künstlerischem Anspruch. Diverse Festivals sind von international beachtetem Rang, allen voran das Internationale Festival des neuen lateinamerikanischen Films in Havanna, das meist im Dezember stattfindet. Ausgelassen karibisch geht es beim Karneval zu, der zu verschiedenen Terminen in den Städten stattfindet, der verrückteste am 26. Juli in Santiago de Cuba. Seit Papst Benedikt Kuba besuchte, kehrte der Karfreitag in den Feiertagskalender zurück. Kulturinfos (auf Span.) unter *www.min.cult.cu*, *www.cubaescena.cult.cu* (Theater, Tanz), Veranstaltungskalender (auf Engl.) unter *www.cubaabsolutely.com*.

FEIERTAGE

1. Januar	Tag der Befreiung
28. Januar	Geburtstag José Martí
24. Februar	Gedenktag für den Unabhängigkeitskrieg
8. März	Internationaler Frauentag
März/April	Karfreitag
19. April	Sieg an der Schweinebucht
1. Mai	Tag der Arbeit
26. Juli	Tag des Sturms auf die Moncada-Kaserne
30. Juli	Tag der Märtyrer der Revolution
8. Oktober	Gefangennahme Che Guevaras
10. Oktober	Beginn des ersten Unabhängigkeitskrieges
28. Oktober	Verschwinden Camilo Cienfuegos'
25. Dezember	Weihnachten
31. Dezember	Silvester

VERANSTALTUNGEN

JANUAR
LIV Premio Literario Casa de las Américas: Der renommierte Preis wird in Havanna an amerikanische Schriftsteller vergeben; *www.casadelasamericas.org*

FEBRUAR
Feria internacional del libro: Internationale Buchmesse in Havanna und vielen Orten im ganzen Land; *www.cubaliteraria.cult.cu*

MÄRZ
Concurso internacional para estudiantes de ballet: Wettbewerb von Ballettstudenten aus aller Welt in Havanna

Fiestas mit Anspruch – Karneval und renommierte Festivals lockern den revolutionären Festkalender auf

APRIL
Festival Internacional de Cine Pobre de Humberto Solás: Festival für Filme, die unter 300 000 US$ kosteten. Spielort ist Gibara; *www.festivalcinepobre.cult.cu*

MAI
Torneo Internacional de la Pesca de la Aguja „Ernest Hemingway": Angelwettbewerb, 1950 von Hemingway initiiert; *www.nauticamarlin.com*

JUNI
Karneval in Camagüey, Trinidad und Varadero – meist an den letzten Wochenenden des Monats

JULI
Festival del Caribe: Musik und Tanz in Santiago de Cuba ein; Ende des Monats der Höhepunkt mit dem ⭐ ***Karneval***

JULI/AUGUST
Karneval in Havanna: Maskeraden, Umzüge, Musik, Tribünen auf dem Malecón

SEPTEMBER
Nuestra Señora de la Caridad del Cobre: Am Namenstag der Schutzpatronin Kubas, dem 8. September, pilgern viele Kubaner zur Iglesia von El Cobre.

OKTOBER
Festival de Teatro de la Habana: Theaterfestival in Havanna (alle 2 J., 2017 etc.); *www.cubaescena.cult.cu*

NOVEMBER
Musikfestival Beny Moré: Der Sänger (1919–63) wird in seiner Heimatstadt Santa Isabel (bei Cienfuegos) gefeiert.

DEZEMBER
⭐ ***Festival Internacional del Nuevo Cine Latinoamericano:*** Intern. Festival des lateinamerikanischen Films in Havanna; *www.habanafilmfestival.com*

INSIDER TIPP ***Parrandas:*** karnevalartige Umzüge in Remedios (16. und 24.)
Regatta Felíz Navidad: Weihnachtsregatta in Havanna zum Jahresabschluss

LINKS, BLOGS, APPS & CO.

LINKS & BLOGS

www.marcopolo.de/kuba Alles auf einen Blick zu Ihrem Reiseziel: Interaktive Karten inklusive Planungsfunktion, Impressionen aus der Community, aktuelle News und Angebote ...

www.cuba.cu Das staatliche Kuba-Portal (Span.), teils Infoquelle (Wetter, Veranstaltungen etc.), teils Produkt- und Parteienwerbung. Hier finden sich auch die *Reflexiones del Comandante en Jefe Fidel Castro Ruz*. Links führen u. a. zu Wissenschaft, Kultur, Sport, Erziehung, Gesundheit, Tourismus, Politik, Wirtschaft

www.fidel-castro.de Besonders aufschlussreich an dieser deutschsprachigen Seite über Fidel Castro ist das ausführliche Kapitel über sein Leben (Biographie)

www.cubarte.cult.cu Kulturell interessiert? Wer dazu noch ein wenig Spanisch versteht, der wird auf dieser Website über aktuelle Veranstaltungen informiert. Hilfreich: die Linksammlungen unter *Portales Nacionales* und *Portales Provinciales*

www.holacuba.de/kuba_blog_cuba.php Was kostet aktuell das Benzin, wo gibt es gute *casas particulares,* oder suchen Sie einfach nur Mitreisepartner? Gute Infos und viel Erfahrungsaustausch machen den Kuba-Blog zu einer wertvollen Infoquelle (Links zu Facebook und Twitter)

www.kubaforum.eu Hier fragen und antworten Mitglieder zu allen möglichen Thema Kubas und helfen sich gegenseitig. Angeschlossen ist eine Ferienwohnungsvermittlung

www.cubaforum.net Die kostenlose Mitgliedschaft eröffnet den Zugang zu Reise- und Erfahrungsberichten zu Themen wie Heirat oder Scheidung; auch Reiseangebote und Musiktipps

www.14ymedio.com Kubanische Online-Tageszeitung (auch in Engl.) mit den Blogs der berühmten kubanischen Journalisten Yoani Sánchez und Reinaldo Escobar

Egal, ob für Ihre Reisevorbereitung oder vor Ort: Diese Adressen bereichern Ihren Urlaub. Da manche sehr lang sind, führt Sie der short.travel-Code direkt auf die beschriebenen Websites. Falls bei der Eingabe der Codes eine Fehlermeldung erscheint, könnte das an Ihren Einstellungen zum anonymen Surfen liegen

blogosferacuba.org News-Magazin, Meinungsspiegel, Galerie, soziales Netzwerk und vieles mehr ist dieses Blogportal für Kubaner und Kuba-Freunde. Es verbindet auch mit anderen Blogs, z. B. mit camaguebaxcuba.wordpress.com von dem Schriftsteller Lázaro David Najarro Pujol

short.travel/kub1 Die große *Lonely-Planet*-Lesergemeinde tauscht sich hier (auf Englisch) im *Thorn Tree Travel Forum* u. a. zu Reisen nach oder auf Kuba aus. Aktuelle Nachrichten und Diskussionen

twitter.com/Kubaforum Mit dem Gezwitscher des Kuba-Entdecken-Forums bleiben Sie stets topaktuell informiert: von Tipps für Auslandskrankenversicherungen oder Restaurants über Links zu Musikvideos bis hin zu eingetragenen Partnerschaften – keine Frage bleibt unbeantwortet

VIDEOS

short.travel/kub3 „Wieso der US-Wandel nach 53 Jahren Kuba-Sanktionen?" fragt der Lateinamerika-Spezialist Harald Neuber in seinem aufschlussreichen Video zum Ende der Eiszeit zwischen den USA und Kuba

short.travel/kub4 In der Arte-Reihe „Mit offenen Karten" stellt Jean-Christophe Victor „das kubanische Paradox" in Zahlen vor. Was hat sich in den letzten Jahren auf Kuba verändert?

APPS

Cuba GPS Map Offline GPS Navigations-App für iPhone oder iPad. Alle Kartendaten und Funktionen sind im Gerät gespeichert, sodass man die App ohne Sorge um hohe Gebühren für die Datenübertragung nutzen kann

Congas & Bongos Der Rhythmus, bei dem man mit muss: Trommeln auf dem (Android-)Handy sorgen allerorten für Kubafeeling

Cuba Map von CITY APP Kartenmaterial zu Havanna, Santiago de Cuba, Guantánamo, Holguín, Camagüey und Varadero mit Straßen, Restaurants, Attraktionen

Casa Particular Directory App Auf *www.cuba-junky.com* kann man sich für 10 US$ diese App herunterladen, die sehr hilfreich für die Suche nach Privatquartieren ist

PRAKTISCHE HINWEISE

ANREISE/EINREISE

Internationale Linienfluggesellschaften wie Air France oder Iberia steuern meist nur Havanna und Varadero an, Chartergesellschaften wie Condor oder Air Berlin im Dienste der Pauschalveranstalter auch die Cayos und Holguín. Flüge gibt es ab 750 Euro (Last-Minute-Restplätze mit kurzer Aufenthaltsdauer). Urlauber benötigen zur Einreise einen mindestens noch 6 Monate gültigen Reisepass und eine Touristenkarte (zzt. 22 Euro), Kinder ebenso, allerdings muss für sie ein Kinderausweis mit Lichtbild vorgelegt werden. Individualtouristen erhalten die Touristenkarte bei einem Spezialveranstalter (z. B. in Verbindung mit der Flugbuchung) oder auf dem Postweg bei der kubanischen Botschaft (Scheck über 47 Euro plus frankiertem Rückumschlag einsenden). Für Pauschalreisende ist sie meist im Preis enthalten. Bei der Einreise muss man außerdem einen für Kuba gültigen Krankenversicherungsschutz vorlegen können. Bei der Ausreise werden 25 CUC fällig, und die Kopie der Touristenkarte muss wieder abgegeben werden.

AUSKUNFT

KUBANISCHES FREMDENVERKEHRSBÜRO
Stavangerstr. 20 | 10439 Berlin | Tel. 030 44 71 96 58 | www.cubainfo.de | www.cubatravel.tur.cu | www.autenticacuba.com

BUSSE

Die modernen, klimatisierten Busse von *Viazul* verkehren zwischen allen Städten und sind meist sogar pünktlich. Die Fahrt von Havanna nach Varadero z. B. kostet 10 CUC. Preise und Routen: *www.viazul.com*. Adresse und Busbahnhof in Havanna: *Av. 26/Zoológico | Tel. 7 8 811413*. Bequem ist der Buspass von *Sprachcaffe (www.sprachcaffe-kuba.com)*, der eine Wunschroute zum günstigen Festpreis pro Tag inkl. Hotel ermöglicht.

DIPLOMATISCHE VERTRETUNGEN

BOTSCHAFTEN DER REPUBLIK KUBA
– Berlin (Stavangerstr. 20 | 10439 Berlin | Tel. 030 91 611811); Konsularabteilung (Gotlandstr. 15 | 10439 Berlin | Tel. 030 44 73 70 23 | www.cubadiplomatica.cu/alemania)

GRÜN & FAIR REISEN

Auf Reisen können auch Sie viel bewirken. Behalten Sie nicht nur die CO_2-Bilanz für Hin- und Rückreise im Hinterkopf *(www.atmosfair.de; de.myclimate.org)* – etwa indem Sie Ihre Route umweltgerecht planen *(www.routerank.com)* – , sondern achten Sie auch Natur und Kultur im Reiseland *(www.gate-tourismus.de; www.ecotrans.de)*. Gerade als Tourist ist es wichtig, auf Aspekte wie Naturschutz *(www.nabu.de; www.wwf.de)*, regionale Produkte, wenig Autofahren, Wassersparen und vieles mehr zu achten. Wenn Sie mehr über ökologischen Tourismus erfahren wollen: europaweit *www.oete.de*; weltweit *www.germanwatch.org*

Von Anreise bis Zoll

Urlaub von Anfang bis Ende: die wichtigsten Adressen und Informationen für Ihre Kuba-Reise

– Wien (Himmelhofgasse 40 | A-1130 Wien | Tel. 01 8 77 81 98 | www.cubadiplomatica.cu/austria)
– Bern (Gesellschaftstr. 8 | CH-3012 Bern | Tel. 031 3 02 21 11 | www.cubadiplomatica.cu/suiza)

DEUTSCHE BOTSCHAFT
C/ 13 No. 652/B | Vedado | Havanna | Tel. 78 33 25 39 | Notfalltel. (bis 24 Uhr) 0 52 80 59 42 | www.havanna.diplo.de

ÖSTERREICHISCHE BOTSCHAFT
5ta Av. A Nr. 6617 | Ecke Calle 70 | Miramar | Havanna | Tel. 72 04 28 25 | havanna-ob@bmeia.gv.at

SCHWEIZER BOTSCHAFT
5a Av. 2005 | zw. Calle 20 und 22 | Miramar | Havanna | Tel. 72 04 26 11 | www.eda.admin.ch/countries/cuba

EISENBAHN
Vom Hauptbahnhof in Havanna starten Züge ins ganze Land, darunter tgl. drei Nachtzüge nach Santiago de Cuba. Fahrzeit ca. 12 Std., *regular* 30, mit Klimaanlage ab 50 CUC. Fahrkarten sind rar, man sollte ca. zwei Wochen im Voraus reservieren; die Fahrkarten gibt's für Touristen im gelben Bahnhofsgebäude *La Coubre* (zw. Hbf. und Hafen). Infos: *Ferrocuba (Arsenal/Egido | Tel. 78 61 29 59)*, oder Fahrplanauskunft: *Tel. 78 66 00 30 | www.hicuba.com/ferrocarril.htm*

GELD & WÄHRUNG
Bislang funktioniert Kubas Wirtschaft noch mit zwei parallelen Währungssystemen (bald soll damit Schluss sein): dem kubanischen Peso (CUP oder MN) und dem Peso Convertible (CUC), der kubanischen Devisenwährung, die im Ausland wertlos ist. Euros kann man problemlos in CUC zum aktuellen Kurs umtauschen; der Tausch von US-Dollars in CUC dagegen kostet zehn Prozent Gebühr! In den meisten Touristenzonen wird der Euro auch als Barzahlungsmittel akzeptiert. Am besten also reist man mit Euros in bar, außerdem europäischer VISA- oder MasterCard-Kreditkarte (sie darf aber nicht von einer US-Bank stammen, auch EC/Maestro-Karten werden auf Kuba nicht akzeptiert!). Mit Kreditkarte und Pass bekommt man in den Banken gegen eine Provision von 3 Prozent Bargeld in der Devisenwährung CUC. Mitte 2015 war 1 Euro umgerechnet 1,10 CUC wert. Achtung: Bei Verlust einer Eurocard/MasterCard wird kein Ersatz nach Kuba geschickt. Im Juli 2015 gab es für

WAS KOSTET WIE VIEL?

Tanzshow	ab 60 Euro z. B. im Tropicana
Kaffee	0,75–1,50 Euro für eine Tasse
Zigarre	ca. 7 Euro für eine Cohiba von Robaina
Schokolade	0,75 Euro 250 g aus Baracoa
Benzin	1,10 Euro für einen Liter Super
Cocktail	ab 2,40 Euro für einen Cuba Libre oder Mojito in einer Bar

1 Peso Convertible (CUC) 22 kubanische Pesos (CUP). Die nationale Währung kann nutzen, wer z. B. auf den Bauernmärkten oder an Imbissständen einkaufen möchte.

GESUNDHEIT

Für die Einreise werden keine Impfungen verlangt, es sei denn, Sie kommen aus einem Land, in dem Cholera oder Gelbfieber vorkommen. Zur Prävention von Ebola müssen Ankommende einen Gesundheitsfragebogen ausfüllen. Vorsicht ist bei Wasser geboten, um Magen- oder Darmverstimmungen vorzubeugen. Impfempfehlungen und Informationen zu Gesundheitsrisiken finden Sie auf der Website des Tropeninstituts München: *www.fit-fortravel.de*. Geraten wird zu Impfungen gegen Diphtherie, Hepatitis A und Tetanus. Benötigte Medikamente sollten in ausreichender Menge mitgeführt werden. In großen Touristenhotels gibt es Erste-Hilfe-Stationen, meist mit Arzt, in den Touristenorten außerdem Internationale Kliniken (*www. servimedcuba.com* oder wenden Sie sich an Ihre Botschaft). Wer ärztlich behandelt werden muss, zahlt bar in CUC. Für die Einreise zwingend ist seit 2010 auf Kuba der Nachweis einer Auslandskrankenversicherung in spanischer Sprache!

INLANDSFLÜGE

Um für einen Inlandsflug einen Platz zu ergattern, muss man mindestens zwei Wochen im Voraus buchen. Besonders gefragt ist die Strecke Havanna–Santiago de Cuba (800 km Luftlinie); Hin- und Rückflug mit Cubana ab 200 Euro. Büro der *Cubana de Aviación (C/ 23 Nr. 64 | Ecke C/ P | Vedado | Havanna | Tel. 78 34 44 46 | www.cubana.cu | Aerocaribbean: www.cubajet.com)*

WÄHRUNGSRECHNER

€	CUC	CUC	€
1	1,10	1	0,90
2	2,20	2	1,80
3	3,30	3	2,70
4	4,40	4	3,60
5	5,50	5	4,50
7	7,70	6	5,40
8	8,80	7	6,30
9	9,90	8	7,20
10	11,00	9	8,10

INTERNET & WLAN

Es gibt einige wenige Internetcafés und PC-Terminals in den Etecsa-Büros und auf Postämtern, aber zunehmend wird WLAN (engl. WIFI) in den Lobbies der Luxushotels gegen eine Gebühr geboten, z. B. im *Parque Central* von Havanna (auch für Besucher) oder im *Meliá Santiago de Cuba* (nur für Hotelgäste). Etecsa verkauft Internetkarten ab 6 CUC mit einem Zugangscode für seine leider meist sehr langsamen Computer.

JUGENDHERBERGEN

Mitglieder des Deutschen Jugendherbergswerks (DJH) können in einigen *Islazul*-Hotels zu Hostelkonditionen wohnen. Sie sind auf der Website *www. hihostelscuba.com* aufgeführt. Einen Voucher benötigt man nicht, es genügt der gültige DJH-Ausweis.

KLIMA & REISEZEIT

Auf Kuba ist das ganze Jahr über Sonnensaison. In den Wintermonaten (in der Trockenzeit) sind die Nächte küh-

PRAKTISCHE HINWEISE

ler als im Sommer, auch wenige einzelne Tage können kühler sein. Wer hohe Luftfeuchtigkeit scheut, sollte in der Trockenzeit (Mitte November bis April) reisen. Die Regenzeit fällt in die übrigen Monate. In dieser Zeit können Hurrikane über Kuba ziehen, besonders Ende Aug. bis Ende Okt.

MIETWAGEN

Internationale Leihfirmen sind auf Kuba nicht vertreten. Wer günstig buchen will, wende sich an Kuba-Veranstalter oder bucht direkt über *www.cubatravelnetwork.com*. 5 Tage kosten ab etwa 40 Euro. Vor Ort bezahlt werden müssen 15 CUC Versicherung pro Tag. Der Fahrer (min. 21 J.) muss einen nationalen Führerschein vorlegen, eine Sicherheit hinterlegen (Kreditkartenabzug) und oft auch die erste Tankfüllung zahlen (quittieren lassen!); ein weiterer Fahrer kostet 3 CUC/Tag und wird eingetragen. Prüfen Sie, ob das Ersatzrad passt (falls nicht, werden Sie evtl. später für ein passendes zur Kasse gebeten). Wenn eine fällige Inspektion unterwegs nicht ausgeführt wurde (das Auto muss dafür zu einer Zweigstelle des Vermieters gebracht werden), kostet das ein Bußgeld *(multa)*. Bei einer Reifenpanne fahren Sie mit dem Ersatzreifen zu einem *gomero*. Er repariert den Reifen für 15–20 CUC. Um das Trinken am Steuer einzudämmen, wurde das Mitführen von Alkohol im Pkw verboten. In den Ferienzentren werden auch Motorroller vermietet; in Varadero z. B. für 12 (2 Std.) bis 24 CUC (24 Std., dann plus 50 Euro Sicherheit).

NOTRUF

Der *Polizeinotruf* in ganz Kuba ist *106*; der zentrale Sperr-Notruf beim Verlust einer Kreditkarte ist *119 49 11 61 16*.

POST

Briefmarken gibt's meist mit den Postkarten in den Läden, auf Postämtern und in manchen Etecsa(Telefon-)Büros. Luftpostkarte nach Europa: 0,75 CUC.

PRIVATQUARTIERE

Casas particulares (Privathäuser) sind eine günstige Alternative zu staatlichen Hotels und ermöglichen familiären Kontakt. Adressen und Infos: *www.holacuba.de, www.cubacasas.net, www.casaparticularcuba.org*. Erkennbar sind *casas particulares* an einem weißen Schild mit einem dunkelblauen Zeichen in Form eines senkrecht stehenden Ankers, das meist am Türeingang klebt.

SICHERHEIT

Leider ist Kuba nicht mehr das sicherste Reiseland Südamerikas. Es werden zwar drakonische Strafen verhängt, aber sie wirken nicht mehr abschreckend, seit die Korruption blüht. Vorsicht in einsamen Gegenden und bei Schleppern, die z. B. Privatquartiere empfehlen! Hinweise dazu: *www.auswaertiges-amt.de*

SPEZIALVERANSTALTER

Kubanischer Herkunft ist der Veranstalter *Tropicana (Berliner Str. 161 | 10715 Berlin | Tel. 030 8 53 70 41 | www.tropicana-touristik.de)*. Für seine guten Kuba-Programme prämiert wurde *Aventoura (Rehlingstr. 17 | 79100 Freiburg | Tel. 0761 2 11 69 90 | www.aventoura.de), Büro Havanna (Edificio Bacardí Oficinas 001–003 | Monserrate 261 | Habana Vieja | Tel. 78 63 28 00 | info@aventoura.cu)*. Ein Büro in Havanna betreibt auch der Schweizer Kubaspezialist *Cuba Real Tours* (s. S. 47) *(Av. Paseo 606 | zw. C/ 25* und 27 | Vedado | Tel. 7 8 34 42 51 | info@cubarealtours.com). Wanderungen kann man bei (www.wikinger-reisen.de) buchen, begleitete Fahrradtouren u. a. bei *Sprachcaffe Studienreisen (Gartenstr. 6 | 60594 Frankfurt | Tel. 069 61 09 12 56 | www.sprachcaffe-kuba.com)*, Tanzkurse bei *Danza y Movimiento Reisen (Viamas GmbH | Kleine Rainstr. 3 | 22765 Hamburg | Tel. 040 34 03 28 | www.danzaymovimiento.de)*.

STRASSENVERKEHR

Weit verbreitet ist das Fahren auf der Überholspur, um Kutschen, Fahrrädern und Fußgängern auszuweichen. Die Straßen sind bis auf wenige abseitige Routen gut ausgebaut. Auf Landstraßen sind max. 80, auf der Autobahn 100, innerorts 50 km/h erlaubt. *Punto de Control* heißt Kontrollpunkt; beim Passieren auf 40 km/h heruntergehen! Beim Parken immer gesicherte Plätze *(parqueos)* oder einen Aufpasser suchen (und bezahlen), sonst fehlt nachher vielleicht das Radio, ein Schaden, den keine kubanische Versicherung deckt. Bei Unfällen (oder Diebstahl) muss alles polizeilich erfasst werden. Lassen Sie sich eine Kopie des Protokolls geben, und notieren Sie den Namen des Polizisten. Große Unfallrisiken bergen Nachtfahrten, da Personen, Tiere und unbeleuchtete Fahrzeuge unterwegs sein können. Wer zu schnell gefahren ist, kann eine Strafe *(multa)* bekommen. Die Polizei darf kein Geld kassieren, sie muss die Strafe im Mietwagenvertrag eintragen. Bei Unfällen mit Personenschäden muss ein Tou-

WETTER IN HAVANA

	Jan.	Feb.	März	April	Mai	Juni	Juli	Aug.	Sept.	Okt.	Nov.	Dez.
Tagestemperaturen in °C	26	27	28	29	30	31	31	32	31	29	27	26
Nachttemperaturen in °C	18	18	19	21	22	23	24	24	24	23	21	19
Sonnenschein Stunden/Tag	6	6	7	7	8	6	6	6	5	5	5	5
Niederschlag Tage/Monat	6	4	4	4	7	10	9	10	11	11	7	6
Wassertemperaturen in °C	25	24	24	26	27	27	28	28	28	28	27	27

PRAKTISCHE HINWEISE

rist so lange im Land bleiben, bis die Genesung des Verletzten absehbar ist oder dessen Arztrechnung beglichen wurde.

Die modernen „Servi"-Stationen sind meist Tag und Nacht geöffnet. Der Liter *especial* (Super) kostet zzt. 1,40 CUC. Bezahlt werden muss meist bar, auch wenn die Tankstelle mit Kreditkartenaufklebern bestückt ist, die sie angeblich akzeptiert.

STROM

Neuere Hotels sind mit europäischen 220-Volt-Steckdosen, alle anderen mit amerikanischen 110-Volt-Dosen ausgerüstet. Adapter mitbringen!

TAXI

Die Fahrt vom Flughafen Havanna in die Stadt kostet ca. 25 CUC. Die Oldtimer haben kein Taxameter. Der Preis muss verhandelt werden. Alle anderen Taxis müssen das Taxameter benutzen, obwohl viele Fahrer es gern abstellen.

TELEFON & HANDY

Die staatliche Telefongesellschaft Etecsa verkauft Telefonkarten *(tarjeta telefónica prepagada)* für nationale (5/10 CUP) und internationale (5/10 CUC) Gespräche; die Guthaben aktiviert man durch Eingabe der aufgedruckten Nummer. 1 Min. mit Karte kostet 1,45 CUC. Bei Auslandsgesprächen wählen Sie 119, dann die Landeskennzahl (Deutschland 49, Österreich 43, Schweiz 41), dann die Ortskennzahl ohne Null. Vorwahl Kuba: 0053. Um ins Netz für Inlandsferngespräche zu kommen, wählen Sie in Havanna die 0 (dann Ortskennzahl und Teilnehmer), im gesamten übrigen Land aber die 01. Von Handy zu Handy wählt man direkt die Handynummer (beginnt immer mit 05). Neu: Auch wer innerhalb von Havanna telefoniert, muss die Havanna-Ortskennzahl 7 voransetzen. Deshalb beginnen alle in diesem Band genannten Nummern aus Havanna mit der 7.

Europäische Handys schalten automatisch auf den Roamingpartner Cubacel um. Bei Cubacel gibt es auch Prepaid-Chips; Kosten: Einrichtungsgebühr 8 CUC plus Mindestguthaben von 5 CUC plus 3 CUC pro frei geschaltetem Tag. Die Prepaid-Chipminute kostet 1,80 CUC.

TRINKGELD

Maßstab sollten die internationalen Standards (z. B. 2 CUC für Kofferträger) sein, nicht die Hungerlöhne der Kubaner.

ZEIT

Die Zeitdifferenz zur MEZ beträgt fast das ganze Jahr über 6 Std., nur vom 2. bis zum letzten So im März und vom letzten So im Okt. bis zum 1. So im Nov. 5 Std.

ZOLL

Einführen darf man nach Kuba Gegenstände für den persönlichen Bedarf, aber keine elektrischen Haushaltsgeräte. Für Radios, Satellitentelefone oder GPS-Geräte benötigt man eine Einfuhrgenehmigung. Nicht ausgeführt werden dürfen über 50 Jahre alte kubanische Bücher, Langusten und Kunst, es sei denn, man kann eine gestempelte Ausfuhrgenehmigung vorlegen; Kaufbeleg und Echtheitszertifikat benötigen Sie bei der Ausfuhr von mehr als 50 Zigarren. Info: *www.aduana.co.cu*. Aus Kuba in ein EU-Land einreisend, darf man zollfrei einführen: 200 Zigaretten oder 100 Zigarillos oder 50 Zigarren oder 250 g Tabak; 1 l Spirituosen; oder 2 l Alkohol und Getränke mit einem Alkoholgehalt von max. 22 % vol.; außerdem Waren im Wert bis 430 Euro.

SPRACHFÜHRER SPANISCH

AUSSPRACHE

c	vor „e" und „i" stimmloser Lispellaut wie englisches „th"
ch	stimmloses „tsch" wie in „tschüss"
g	vor „e, i" wie deutsches „ch" in „Bach"
gue, gui/que, qui	das „u" ist stumm, wie deutsches „ge", „gi"/„ke", „ki"
j	immer wie deutsches „ch" in „Bach"
ll, y	wie deutsches „j"
ñ	wie deutsches „nj"

AUF EINEN BLICK

ja/nein/vielleicht	sí/no/quizás
bitte/danke	por favor/gracias
Hallo!/Auf Wiedersehen!/Tschüss!	¡Hola!/¡Adiós!/¡Chao!
Gute(n) Morgen!/Tag!/Abend!/Nacht!	¡Buenos días!/¡Buenos días!/¡Buenas tardes!/¡Buenas noches!
Entschuldige!/Entschuldigen Sie!	¡Perdona!/¡Perdone!
Darf ich …?	¿Puedo …?
Wie bitte?	¿Cómo dice?
Ich heiße …	Me llamo …
Wie heißen Sie?/Wie heißt Du?	¿Cómo se llama usted?/¿Cómo te llamas?
Ich komme aus …	Soy de …
Deutschland/Österreich/Schweiz	Alemania/Austria/Suiza
Ich möchte …/Haben Sie …?	Querría …/¿Tiene usted …?
Wie viel kostet …?	¿Cuánto cuesta …?
Das gefällt mir (nicht).	Esto (no) me gusta.
gut/schlecht	bien/mal
kaputt/funktioniert nicht	roto/no funciona
zu viel/viel/wenig/alles/nichts	demasiado/mucho/poco/todo/nada
Hilfe!/Achtung!/Vorsicht!	¡Socorro!/¡Atención!/¡Cuidado!
Krankenwagen/Polizei/Feuerwehr	ambulancia/policía/bomberos
Darf ich hier fotografieren?	¿Podría fotografiar aquí?

DATUMS- & ZEITANGABEN

Montag/Dienstag/Mittwoch	lunes/martes/miércoles
Donnerstag/Freitag/Samstag	jueves/viernes/sábado
Sonntag/Werktag/Feiertag	domingo/laborable/festivo

¿Hablas español?

„Sprichst du Spanisch?" Dieser Sprachführer hilft Ihnen, die wichtigsten Wörter und Sätze auf Spanisch zu sagen

heute/morgen/gestern	hoy/mañana/ayer
Stunde/Minute/Sekunde/Augenblick	hora/minuto/segundo/momento
Tag/Nacht/Woche/Monat/Jahr	día/noche/semana/mes/año
jetzt/sofort/früher/später	ahora/enseguida/antes/después
Wie viel Uhr ist es?	¿Qué hora es?
Es ist drei Uhr./Es ist halb vier.	Son las tres./Son las tres y media.
Viertel vor vier/Viertel nach vier	cuatro menos cuarto/cuatro y cuarto

UNTERWEGS

offen/geschlossen/Öffnungszeiten	abierto/cerrado/horario
Eingang/Einfahrt/Ausgang/Ausfahrt	entrada/acceso/salida/salida
Abfahrt/Abflug/Ankunft	salida/salida/llegada
Toiletten/Damen/Herren	aseos/señoras/caballeros
frei/besetzt	libre/ocupado
(kein) Trinkwasser	agua (no) potable
Wo ist …? /Wo sind …?	¿Dónde está …? /¿Dónde están …?
links/rechts	izquierda/derecha
geradeaus/zurück	recto/atrás
nah/weit	cerca/lejos
Ampel/Ecke/Kreuzung	semáforo/esquina/cruce
Bus/Straßenbahn/U-Bahn/Taxi	autobús/tranvía/metro/taxi
Haltestelle/Taxistand	parada/parada de taxis
Parkplatz/Parkhaus	parqueo
Stadtplan/(Land-)Karte	plano de la ciudad/mapa
Bahnhof/Hafen/Flughafen	terminal de trenes/puerto/aeropuerto
Fähre/Anleger	transbordador/muelle
Fahrplan/Fahrschein/Zuschlag	horario/billete/suplemento
einfach/hin und zurück	sencillo/ida y vuelta
Zug/Gleis/Bahnsteig	tren/vía/andén
Verspätung/Streik	retraso/huelga
Ich möchte … mieten.	Querría … alquilar.
ein Auto/ein Fahrrad/ein Boot	un carro/una bicicleta/un barco
Tankstelle/Benzin/Diesel	servicentro/gasolina/gasoil
Panne/Werkstatt	avería/taller

ESSEN & TRINKEN

Reservieren Sie uns bitte für heute Abend einen Tisch für vier Personen.	Resérvenos, por favor, una mesa para cuatro personas para hoy por la noche.
auf der Terrasse/am Fenster	en la terraza/junto a la ventana
Die Speisekarte, bitte!	¡El menú, por favor!

Könnten Sie mir bitte … bringen?	¿Podría traerme … por favor?
Flasche/Karaffe/Glas	pomo/jarra/vaso
Messer/Gabel/Löffel	cuchillo/tenedor/cuchara
Salz/Pfeffer/Zucker	sal/pimienta/azúcar
Essig/Öl/Milch/Zitrone	vinagre/aceite/leche/limón
kalt/versalzen/nicht gar	frío/demasiado salado/sin hacer
mit/ohne Eis/Kohlensäure	con/sin hielo/gas
Vegetarier/Vegetarierin/Allergie	vegetariano/vegetariana/alergia
Ich möchte zahlen, bitte.	Querría pagar, por favor.
Rechnung/Quittung/Trinkgeld	cuenta/recibo/propina

EINKAUFEN

Apotheke/Drogerie	farmacia/droguería
Bäckerei/Markt	panadería/agro
Metzgerei/Fischgeschäft	carnicería/pescadería
Einkaufszentrum/Kaufhaus	centro comercial/grandes almacenes
Geschäft/Supermarkt/Kiosk	tienda/supermercado/quiosco
100 Gramm/1 Kilo	cien gramos/un kilo
teuer/billig/Preis	caro/barato/precio
mehr/weniger	más/menos
aus biologischem Anbau	de cultivo ecológico

ÜBERNACHTEN

Ich habe ein Zimmer reserviert.	He reservado una habitación.
Haben Sie noch …?	¿Tiene todavía …?
Einzelzimmer/Doppelzimmer	habitación individual/habitación doble
Frühstück/Halbpension/Vollpension	desayuno/media pensión/pensión completa
nach vorne/zum Meer/zum Garten	hacia delante/hacia el mar/hacia el jardín
Dusche/Bad	ducha/baño
Balkon/Terrasse	balcón/terraza
Schlüssel/Zimmerkarte	llave/tarjeta
Gepäck/Koffer/Tasche	equipaje/maleta/bolso
Schwimmbad/Spa/Sauna	piscina/spa/sauna
Seife/Toilettenpapier/Windel	jabón/papel higiénico/pañal
Babybett/Kinderstuhl/wickeln	cuna/trona/cambiar los pañales
Anzahlung/Kaution	anticipo/caución

BANKEN & GELD

Bank/Geldautomat/Geheimzahl	banco/cajero automático/número secreto
bar/Kreditkarte	en efectivo/tarjeta de crédito
Banknote/Münze/Wechselgeld	billete/moneda/cambio

SPRACHFÜHRER

GESUNDHEIT

Arzt/Zahnarzt/Kinderarzt	médico/estomatólogo/pediatra
Krankenhaus/Notfallpraxis	hospital/urgencias
Fieber/Schmerzen/entzündet/verletzt	fiebre/dolor/inflamado/herido
Durchfall/Übelkeit/Sonnenbrand	diarrea/náusea/quemadura de sol
Pflaster/Verband	tirita/vendaje
Salbe/Creme	pomada/crema
Schmerzmittel/Tablette/Zäpfchen	calmante/comprimido/supositorio

TELEKOMMUNIKATION & MEDIEN

Briefmarke/Brief/Postkarte	sello postal/carta/postal
Ich brauche eine Telefonkarte.	Necesito una tarjeta telefónica.
Ich suche eine Prepaidkarte für mein Handy.	Quiero una tarjeta de recarga para mi celular.
Wo finde ich einen Internetzugang?	¿Dónde encuentro un acceso a internet?
wählen/Verbindung/besetzt	marcar/conexión/ocupado
Steckdose/Adapter/Ladegerät	enchufe/adaptador/cargador
Computer/Batterie/Akku	ordenador/batería/batería recargable
E-Mail(-Adresse)/At-Zeichen	(dirección de) correo electrónico/arroba
Internetadresse (URL)	dirección de internet
Internetanschluss/WLAN	conexión a internet/wifi
Datei/ausdrucken	archivo/imprimir

FREIZEIT, SPORT & STRAND

Strand/Sonnenschirm/Liegestuhl	playa/sombrilla/tumbona
Ebbe/Flut/Strömung	marea baja/marea alta/corriente

ZAHLEN

0	cero	14	catorce
1	un, uno, una	15	quince
2	dos	16	dieciséis
3	tres	17	diecisiete
4	cuatro	18	dieciocho
5	cinco	19	diecinueve
6	seis	20	veinte
7	siete	100	cien, ciento
8	ocho	200	doscientos, doscientas
9	nueve	1000	mil
10	diez	2000	dos mil
11	once	10 000	diez mil
12	doce	1/2	medio
13	trece	1/4	un cuarto

REISEATLAS

■ Verlauf der Erlebnistour „Perfekt im Überblick"
■ Verlauf der Erlebnistouren

Der Gesamtverlauf aller Touren ist auch in der herausnehmbaren Faltkarte eingetragen

Bild: Trinidad

Unterwegs in Kuba

Die Seiteneinteilung für den Reiseatlas finden Sie auf dem hinteren Umschlag dieses Reiseführers

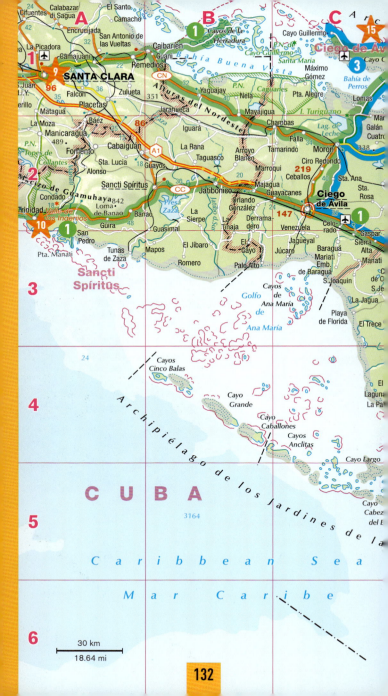

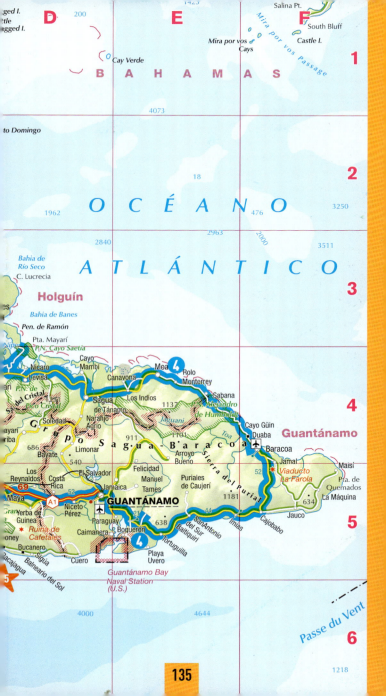

KARTENLEGENDE

Autobahn, mehrspurige Straße - in Bau	Highway, multilane divided road - under construction	Autoroute, route à plusieurs voies - en construction / Autopista, carretera de más carriles - en construcción
Fernverkehrsstraße - in Bau	Trunk road - under construction	Route à grande circulation - en construction / Ruta de larga distancia - en construcción
Hauptstraße	Principal highway	Route principale / Carretera principal
Nebenstraße	Secondary road	Route secondaire / Carretera secundaria
Fahrweg, Piste	Practicable road, track	Chemin carrossable, piste / Camino vecinal, pista
Straßennummerierung	Road numbering	Numérotage des routes / Numeración de carreteras
Entfernungen in mi. (USA), in km (MEX)	Distances in mi. (USA), in km (MEX)	Distances en mi. (USA), en km (MEX) / Distancias en mi. (USA), en km (MEX)
Höhe in Meter - Pass	Height in meters - Pass	Altitude en mètres - Col / Altura en metros - Puerto de montaña
Eisenbahn	Railway	Chemin-de-fer / Ferrocarril
Autofähre - Schifffahrtslinie	Car ferry - Shipping route	Bac autos - Ligne maritime / Transportador de automóviles - Ferrocarriles
Wichtiger internationaler Flughafen - Flughafen	Major international airport - Airport	Aéroport important international - Aéroport / Aeropuerto importante internacional - Aeropuerto
Internationale Grenze - Bundesstaatengrenze	International boundary - federal boundary	Frontière nationale - Frontière fédérale / Frontera nacional - Frontera federal
Unbestimmte Grenze	Undefined boundary	Frontière d'État non définie / Frontera indeterminada
Zeitzonengrenze	Time zone boundary	Limite de fuseau horaire / Límite del huso horario
Hauptstadt eines souveränen Staates	National capital (WASHINGTON)	Capitale nationale / Capital de un estado soberano
Hauptstadt eines Bundesstaates	State capital (PHOENIX)	Capitale d'un état fédéral / Capital de estado
Sperrgebiet	Restricted area	Zone interdite / Zona prohibida
Indianerreservat - Nationalpark	Indian reservation - National park	Réserve d'indiens - Parc national / Reserva de indios - Parque nacional
Sehenswertes Kulturdenkmal	Interesting cultural monument (Disneyland)	Monument culturel intéressant / Monumento cultural de interés
Sehenswertes Naturdenkmal	Interesting natural monument (Niagara Falls)	Monument naturel intéressant / Monumento natural de interés
Brunnen, Salzsee	Well, Salt lake	Puits, Lac salé / Pozo, Lago salado
MARCO POLO Erlebnistour 1	MARCO POLO Discovery Tour 1	MARCO POLO Tour d'aventure 1 / MARCO POLO Recorrido aventura 1
MARCO POLO Erlebnistouren	MARCO POLO Discovery Tours	MARCO POLO Tours d'aventure / MARCO POLO Recorridos de aventura
MARCO POLO Highlight	MARCO POLO Highlight	MARCO POLO Highlight

FÜR IHRE NÄCHSTE REISE ...

ALLE **MARCO POLO** REISEFÜHRER

DEUTSCHLAND
Allgäu
Bayerischer Wald
Berlin
Bodensee
Chiemgau/
Berchtesgadener
Land
Dresden/
Sächsische Schweiz
Düsseldorf
Eifel
Erzgebirge/
Vogtland
Föhr & Amrum
Franken
Frankfurt
Hamburg
Harz
Heidelberg
Köln
Lausitz/Spreewald/
Zittauer Gebirge
Leipzig
Lüneburger Heide/
Wendland
Mecklenburgische
Seenplatte
Mosel
München
Nordseeküste
Schleswig-Holstein
Oberbayern
Ostfriesische Inseln
Ostfriesland/Nord-
seeküste Nieder-
sachsen/Helgoland
Ostseeküste
Mecklenburg-
Vorpommern
Ostseeküste
Schleswig-Holstein
Pfalz
Potsdam
Rheingau/
Wiesbaden
Rügen/Hiddensee/
Stralsund
Ruhrgebiet
Schwarzwald
Stuttgart
Sylt
Thüringen
Usedom
Weimar

ÖSTERREICH
SCHWEIZ
Kärnten
Österreich
Salzburger Land
Schweiz
Steiermark
Tessin
Tirol
Wien
Zürich

FRANKREICH
Bretagne
Burgund
Côte d'Azur/
Monaco
Elsass
Frankreich
Französische
Atlantikküste
Korsika
Languedoc-
Roussillon
Loire-Tal
Nizza/Antibes/
Cannes/Monaco
Normandie
Paris
Provence

ITALIEN
MALTA
Apulien
Dolomiten
Elba/Toskanischer
Archipel
Emilia-Romagna
Florenz
Gardasee
Golf von Neapel
Ischia
Italien
Italienische Adria
Italien Nord
Italien Süd
Kalabrien
Ligurien/
Cinque Terre
Mailand/
Lombardei
Malta & Gozo
Oberital. Seen
Piemont/Turin
Rom
Sardinien
Sizilien/
Liparische Inseln
Südtirol
Toskana
Venedig
Venetien & Friaul

SPANIEN
PORTUGAL
Algarve
Andalusien
Barcelona
Baskenland/
Bilbao
Costa Blanca
Costa Brava
Costa del Sol/
Granada
Fuerteventura
Gran Canaria
Ibiza/Formentera
Jakobsweg
Spanien
La Gomera/
El Hierro
Lanzarote
La Palma
Lissabon
Madeira
Madrid
Mallorca
Menorca
Portugal
Spanien
Teneriffa

NORDEUROPA
Bornholm
Dänemark
Finnland
Island
Kopenhagen
Norwegen
Oslo
Schweden
Stockholm
Südschweden

WESTEUROPA
BENELUX
Amsterdam
Brüssel
Dublin
Edinburgh
England
Flandern
Irland
Kanalinseln
London
Luxemburg
Niederlande
Niederländische
Küste
Schottland
Südengland

OSTEUROPA
Baltikum
Budapest
Danzig
Krakau
Masurische Seen
Moskau
Plattensee
Polen
Polnische
Ostseeküste/
Danzig
Prag
Slowakei
St. Petersburg
Tallinn
Tschechien
Ungarn
Warschau

SÜDOSTEUROPA
Bulgarien
Bulgarische
Schwarzmeerküste
Kroatische Küste
Dalmatien
Kroatische Küste
Istrien/Kvarner
Montenegro
Rumänien
Slowenien

GRIECHENLAND
TÜRKEI
ZYPERN
Athen
Chalkidiki/
Thessaloniki
Griechenland
Festland
Griechische Inseln/
Ägäis
Istanbul
Korfu
Kos
Kreta
Peloponnes
Rhodos
Samos
Santorin
Türkei
Türkische Südküste
Türkische Westküste
Zákinthos/Itháki/
Kefallonía/Léfkas
Zypern

NORDAMERIKA
Chicago und
die Großen Seen
Florida
Hawai'i
Kalifornien
Kanada
Kanada Ost
Kanada West
Las Vegas
Los Angeles
New York
San Francisco
USA
USA Ost
USA Südstaaten/
New Orleans
USA Südwest
USA West
Washington D.C.

MITTEL- UND
SÜDAMERIKA
Argentinien
Brasilien
Chile
Costa Rica
Dominikanische
Republik
Jamaika
Karibik/
Große Antillen
Karibik/
Kleine Antillen
Kuba
Mexiko
Peru & Bolivien
Yucatán

AFRIKA UND
VORDERER
ORIENT
Ägypten
Djerba/
Südtunesien
Dubai
Israel
Jordanien
Kapstadt/
Wine Lands/
Garden Route
Kapverdische
Inseln
Kenia
Marokko
Namibia
Rotes Meer & Sinai
Südafrika
Tansania/Sansibar
Tunesien
Vereinigte
Arabische Emirate

ASIEN
Bali/Lombok/Gilis
Bangkok
China
Hongkong/Macau
Indien
Indien/Der Süden
Japan
Kambodscha
Ko Samui/
Ko Phangan
Krabi/
Ko Phi Phi/
Ko Lanta
Malaysia
Nepal
Peking
Philippinen
Phuket
Shanghai
Singapur
Sri Lanka
Thailand
Tokio
Vietnam

INDISCHER OZEAN
UND PAZIFIK
Australien
Malediven
Mauritius
Neuseeland
Seychellen

Viele MARCO POLO Reiseführer gibt es auch als eBook – und es kommen ständig neue dazu!
Checken Sie das aktuelle Angebot einfach auf: www.marcopolo.de/e-books

REGISTER

In diesem Register sind alle im Reiseführer erwähnten Orte und Ausflugsziele sowie einige wichtige Namen und Stichworte aufgeführt. Gefettete Seitenzahlen verweisen auf den Haupteintrag.

Acuario Cayo Naranjo 111
Aldea Taína 78, 103, 111
Alto de Naranjo 92
Ancón 72
Architektur 20
Bahía de Cochinas (Schweinebucht) 61, 94
Bahía de Corrientes 53
Banes **78**, 103
Baracoa 16, 74, **75**, 102
Bariay Parque Monumento Nacional 78, 79
Barnet, Miguel 23
Batista, Fulgencio 13, 15, 21, 83
Bayamo 17, **85**, 87, 91
Bevölkerung 20
Bioparque Rocazul 80
Birán **79**, 93, 101
Cabrera Infante, Guillermo 23
Caleta Buena 61
Camagüey 22, 62, **63**, 67, 91, 99, 113, 115
Cárdenas **60**, 90
Carpentier, Alejo 23
Castro, Fidel 13, 15, 21, 35, 40, 49, 74, 79, 80, 86, 87, 114
Castro, Raúl 13, 16, 25, 40, 79
Cayería del Norte 16, 70, 71
Cayo Avalos 60
Cayo Coco 22, 25, 62, 68, 69, 97, 98
Cayo Ensenachos 25, 62, 70, **71**, 107
Cayo Granma 80
Cayo Guillermo 25, 62, 68, 69, 91, 99, 104, 111
Cayo Iguana 60
Cayo Jutías 55
Cayo Largo 25, 60, 104, 106
Cayo Las Brujas 25, 62, 70, **71**, 91
Cayo Levisa **55**, 97
Cayo Media Luna 69, 99
Cayo Naranjo 79
Cayo Pájaro 60
Cayo Paredón Grande 68
Cayo Rico 60
Cayo Romano 68
Cayo Saetía 79, 103
Cayo Santa María 25, 62, 70, **71**
Chivirico 87
Chorro de Maíta 78
Ciego de Ávila 69

Ciénaga de Zapata 16, 22, 50, **60**, 61, 94
Cienfuegos 62, **66**, 93, 104, 106
Cienfuegos, Camilo 13, 91
Cojímar 89
Comandancia de la Plata, La **86**, 92
Costa Esmeralda 77, 100
Costa Verde 77
Cueva de los Portales 53
Cueva de Punta del Este 49
Cueva del Indio 54, **110**
Cueva Finlay 49
Cueva Saturno 58
Cuevas de Bellamar 110
El Cobre **86**, 92, 113
Escambray-Gebirge 66
Fauna 22
Flora 22
Florida 99
Gibara 113
Girón 61
Guamá 110
Guanabacoa 48
Guanahacabibes 24, 50, 53
Guantánamo **77**, 102, 115
Guardalavaca 25, **79**, 107
Guevara, Ernesto „Che" 13, 21, 30, 36, 37, 40, 53, 62, 70
Guillén, Nicolás 16, 23, 64
Havanna 14, 17, 18, 19, 26, 30, **32**, 104, 106, 112, 113, 115, 116, 117, 118, 121
Hemingway, Ernest 17, 26, 41, 48
Holguín 16, **77**, 93, 100, 115, 116
Humboldt, Alexander von 16
Humboldt-Nationalpark 16, 24, **77**, 102, 107
Isla de la Juventud **48**, 60, 107
Jardín Botánico 67, 68
Jardines de la Reina 24
Jardines del Rey 16, **68**, 91, 99, 107
Kolumbus, Christoph 13, 14, 74, 80
La Boca 61, 65, 94, 110
La Comandancia de La Plata **86**, 92
Laguna Baconao 87
Laguna del Tesoro 61, 94
Las Terrazas **54**, 95, 107
Lezama Lima, José 23

Limones-Tuabaquey 24
Literatur 23
Los Guanos 80
Manzanillo 87
Marea del Portillo 87, 107
María La Gorda **52**, 107
Martí, José 23, 39, 49, 77
Matanzas **61**, 90, 111
Mogotes 16, 50, 54
Morón 68, **69**, 91, 98, 104, 111
Mural de la Prehistoria 54
Musik 23, 30, 31
Nueva Gerona 49
Palma Rubia 97
Parque de Baconao 87
Parque Nacional Alejandro de Humboldt 16, 24, **77**, 102, 107
Parque Nacional Desembarco del Granma 24, **87**
Pesquero 107
Pilón 87
Pinar del Río 50, **51**, 95
Playa Ancón 25, 67
Playa Bacanao 25
Playa Bacuranao 48
Playa Bibijagua 49
Playa Coral 58
Playa Esmeralda 80, 107
Playa Girón 58, 61
Playa Guardalavaca 79
Playa Jibacoa 48
Playa Las Coloradas 87
Playa Los Cocos 66
Playa Pesquero 80
Playa Pilar 69, 99
Playa Rancho Luna 68
Playa Santa Lucía 22, 62, **65**, 97, 107
Playa Santa María 48
Playa Turquesa 80
Playa Yuragunal 80
Playas del Este 34, **48**, 89, 104
Puente Bacunayagua 48
Punta Francés 49
Remedios 17, **71**, 91, 113
Rum 26, 27, 31, 36, 83
San Diego de los Baños 50, **53**, 95, 107
San Francisco de Paula 48
San Juan y Martínez 53
San Luis 53
Sancti Spíritus 17, **73**
Santa Clara 21, 62, **70**, 91
Santa Isabel de las Lajas 113

IMPRESSUM

Santiago de Cuba 17, 19, 20, 74, 75, **80**, 87, 93, 101, 107, 112, 113, 115, 117, 118
Santo Domingo 86, 91
Sierra de los Órganos 16, 50
Sierra del Rosario 50, 54
Sierra Maestra 74, 86
Soroa **53**, 95
Tabak 51, 52, 53
Tauchen 58
Topes Collantes 107
Trinidad 17, 62, **72**, 93, 113
Valle de la Prehistoria 111
Valle de los Ingenios **72**, 93
Valle de Viñales 16, 24, 50, **54**, 95, 110
Valle Yumurí 48
Varadero 15, 25, 34, 50, **56**, 90, 104, 105, 106, 107, 110, 113, 115, 116
Vedado 106
Velázquez, Diego 63, 72, 75, 80, 82
Vía Blanca 48
Viñales 54
Wirtschaft 25
Yaguajay 91
Zigarren 31, 41

SCHREIBEN SIE UNS!

Egal, was Ihnen Tolles im Urlaub begegnet oder Ihnen auf der Seele brennt, lassen Sie es uns wissen! Ob Lob, Kritik oder Ihr ganz persönlicher Tipp – die MARCO POLO Redaktion freut sich auf Ihre Infos.
Wir setzen alles dran, Ihnen möglichst aktuelle Informationen mit auf die Reise zu geben. Dennoch schleichen sich manchmal Fehler ein – trotz gründlicher Recherche unserer Autoren/innen. Sie haben sicherlich Verständnis, dass der Verlag dafür keine Haftung übernehmen kann.

MARCO POLO Redaktion
MAIRDUMONT
Postfach 31 51
73751 Ostfildern
info@marcopolo.de

IMPRESSUM
Titelbild: Varadero, Strand (huber-images: H.-P. Huber)
Fotos: DuMont Bildarchiv: Knobloch (54, 82); G. Froese (1 u.); Gap Adventures (18 M.); R. M. Gill (31, 38, 114 u., 115); T. Hauser (5, 12/13, 50/51, 104/105, 112, 113); huber-images: W. Bertsch (37), Cossa (Klappe l.), Huber (56/57), H. - P. Huber (1 o.), Kornblum (9), Ripani (52/53, 110), Schmid (4 o., 11, 14/15, 20/21, 30/31, 49, 62/63, 81, 85, 86), R. Schmid (2, 36); © iStockphoto: Niko Guido (18 u.), Tibi Popescu (19 o.), rafalkrakow (18 o.); Laif/Hemispheres (88/89); Look: Leue (34); Look/age fotostock (4 u., 8, 32/33); mauritius images: U. Flüeler (29), F. Martin (99); mauritius images/age (17, 73); mauritius images/Alamy (6, 7, 10, 26/27, 42, 74/75, 76, 78, 92, 103, 114 o.); mauritius images/CuboImages (22); mauritius images/FreshFood (28 r.); mauritius images/Imagebroker: BAO (96), H. Blossey (111), P. Seyfferth (3), F. von Poser (25); mauritius images/imagebroker/CTW (60/61); H. Mielke (106); Angel Ramírez (19 u.); D. Renckhoff (44, 64, 66, 68/69, 70, 126/127); T. Stankiewicz (28 l., 59, 1087109); M. Thomas (Klappe r., 30, 41, 46, 112/113)

14. Auflage 2016
Komplett überarbeitet und neu gestaltet
© MAIRDUMONT GmbH & Co. KG, Ostfildern
Chefredaktion: Marion Zorn
Autorin: Gesine Froese; Redaktion: Jochen Schürmann
Verlagsredaktion: Susanne Heimburger, Tamara Hub, Nikolai Michaelis, Kristin Schimpf, Martin Silbermann
Bildredaktion: Gabriele Forst; Im Trend: wunder media, München
Kartografie Reiseatlas: © MAIRDUMONT, Ostfildern; Kartografie Faltkarte: © MAIRDUMONT, Ostfildern
Gestaltung Cover, S. 1, S. 2/3, Faltkartencover: Karl Anders – Büro für Visual Stories, Hamburg; Gestaltung innen: milchhof:atelier, Berlin; Gestaltung Erlebnistouren: Susan Chaaban Dipl.-Des. (FH)
Sprachführer: in Zusammenarbeit mit Ernst Klett Sprachen GmbH, Stuttgart, Redaktion PONS Wörterbücher
Das Werk einschließlich aller seiner Teile ist urheberrechtlich geschützt. Jede urheberrechtsrelevante Verwertung ist ohne Zustimmung des Verlags unzulässig und strafbar. Das gilt insbesondere für Vervielfältigungen, Übersetzungen, Nachahmungen, Mikroverfilmungen und die Einspeicherung und Verarbeitung in elektronischen Systemen.
Printed in China

MIX
Papier aus verantwortungsvollen Quellen
FSC® C124385

BLOSS NICHT

So können Sie sich den ~~Kuba~~-Aufenthalt erleichtern

ZU VIEL GELD MITFÜHREN

Im Vergleich zu anderen Fernreisezielen ist der Tourismus auf Kuba immer noch sicher. In letzter Zeit aber wurden Touristen häufiger als bisher Opfer von Betrügern und Dieben, in Einzelfällen sogar von Raubüberfällen, denen jetzt mit verstärktem Polizeieinsatz vorgebeugt werden soll. Deshalb: Niemals das gesamte Bargeld mit sich führen, und das, was man mitnimmt, nicht zur Schau stellen, sondern auf mehrere Stellen am Körper verteilen. Der Rest gehört in den Hotelsafe, ebenso der Pass – führen Sie aber immer eine Kopie mit sich.

ÜBER DIE STRÄNGE SCHLAGEN

Kuba ist nicht typisch Lateinamerika, dem man ja nachsagt, da würden die Gesetze nach Lust und Laune ausgelegt – auch von den Gesetzeshütern selbst. Nicht so auf Kuba. Ein ganzes Volk pariert aus Angst vor Sanktionen. Da tut auch der Besucher gut daran, sich an Vorschriften zu halten, z. B. nicht ohne Papiere zu fahren oder Kubaner nicht zu kompromittieren, z. B. durch öffentliches Bekunden inniger Verbundenheit. Das könnte für die kubanische Seite in einem unangenehmen Verhör enden.

OBEN OHNE SONNENBADEN

In den Augen vieler Kubaner ist „Oben ohne" ein Zeichen für den Sittenverfall der westlichen Welt. Das sollte wissen, wer auf nahtlose Bräune erpicht ist. Zwar wird „Oben ohne" an den Stränden der All-inclusive-Resorts geduldet. Aber dort sind Kubaner ja seltener als Gäste zugegen (allerdings als Personal!). Merke: Ein bisschen Rücksicht könnte die Spannungen weiter abbauen helfen, die sich durch die „Apartheids"-Politik des Staates zwischen Reisenden und Bereisten im Lauf der Zeit aufgebaut hat.

DROGEN ANDREHEN LASSEN

Die einzigen staatlich anerkannten Drogen sind Musik, Alkohol und Arbeit für das Gemeinwohl. Die Revolutionäre veränderten die Welt nicht im Marihuanarausch, sondern unter hohem Blutzoll mit der Waffe. Obwohl Kuba zeitweise – mit dem Alibi, den USA zu schaden – den Drogenhandel Kolumbiens gewinnbringend unterstützte, ist der Konsum von Kokain, Haschisch oder Marihuana streng verboten. Wer mit Drogen erwischt wird, macht Bekanntschaft mit einem kubanischen Gefängnis.

KINDERN GELD GEBEN

Betteln ist Kindern auf Kuba verboten: Erstens leidet (nach staatlicher Einschätzung) keines Hunger, und zweitens verdirbt Betteln im Erfolgsfall die Arbeitsmoral. Trotzdem halten immer mehr Knirpse gern die Hände auf, wenn sie Touristen sehen. Vermeiden Sie es vor allem, Geld zu geben. Besser sind kleine, nützliche Dinge wie z. B. Kugelschreiber. Für bettelnde Kinder werden auf Kuba übrigens die Eltern bestraft.